DEUTSCH ALS FREMDSPRACHE

Themen 3
aktuell

Zertifikatsband

▶ **Kursbuch**

von

Michaela Perlmann-Balme

Andreas Tomaszewski

und Dörte Weers

Gastautor: Franz Specht

Hueber Verlag

Piktogramme

 Hörtext oder Hör-Sprech-Text auf CD oder Kassette (z. B. CD 1, Nr. 3)

 Lesen

 Schreiben

 Sprechen

 Zertifikatsvorbereitung

 Hinweis auf die Grammatikübersicht im Anhang (S. 128–151)

5. 4. 3.   Die letzten Ziffern
2012 11 10 09 08   bezeichnen Zahl und Jahr des Druckes.
Alle Drucke dieser Auflage können, da unverändert,
nebeneinander benutzt werden.
1. Auflage
© 2004 Hueber Verlag, 85737 Ismaning, Deutschland
Zeichnungen: martin guhl www.cartoonexpress.ch
Verlagsredaktion: Werner Bönzli, Hueber Verlag, Ismaning
Druck und Bindung: Stürtz GmbH, Würzburg
Printed in Germany
ISBN 978–3–19–001692–1

INHALT

1. Hören Sie drei Gesprächsanfänge.

Welches Bild gehört wohl zu welchem Gespräch?
Um was für eine Situation handelt es sich?
Welcher „Kandidat" verhält sich Ihrer Meinung nach am besten?

2. Lernen Sie sich kennen.

Arbeiten Sie zu zweit. Stellen Sie sich einander kurz vor.
Stellen Sie danach Ihre Partnerin oder Ihren Partner im Kurs vor.

KENNEN LERNEN

3. Sehen Sie sich die Bilder an.

§ 10

Wer macht was?

C sich zunicken   **B** sich küssen   **A** sich zuwinken

E sich umarmen   **F** sich auf die Schulter klopfen   **D** sich die Hand geben

sich   Themen aktuell 2, § 11

Wir geben *uns* die Hand.
Sie haben *sich* nur kurz zugewinkt.

Der Mann und die Frau schütteln sich die Hand.

Die beiden Freunde …

4. Mit welcher Geste begrüßen Sie folgende Personen?

§ 11

Arbeiten Sie in kleinen Gruppen. Fragen Sie sich gegenseitig.

Wie begrüßen Sie Ihren Chef?

Ich nicke ihm morgens nur kurz zu.

Wir geben uns jeden Tag die Hand.

Wie begrüßen Sie …?

§ 2

im Privatleben:
Ihre Mutter – Ihre Kinder – einen guten Freund / eine gute Freundin – den fünfjährigen Sohn eines Bekannten – Ihre Nachbarin / Ihren Nachbarn – Ihre Großeltern – Ihre Frau / Ihren Mann – Ihren Bruder / Ihre Schwester

im Berufsleben:
Ihre Chefin / Ihren Chef – Ihre Lehrerin / Ihren Lehrer – eine Arbeitskollegin, die Sie gern mögen – einen Arbeitskollegen, den Sie nicht so sehr mögen

5. Lesen Sie den ersten Teil des Textes „Begrüßungsrituale".

Welche der in diesem Text beschriebenen Gesten finden Sie auf den Bildern oben dargestellt? Welche nicht?

Die menschlichen Begrüßungsrituale sind auf der ganzen Welt recht unterschiedlich. In vielen westlichen Ländern schüttelt man sich die Hand. In Asien legt man beide Hände vor der Brust zusammen, mit den Fingerspitzen unter dem Kinn. In ostasiatischen Ländern begrüßt man sich mit einer Verbeugung, in Japan spielt dabei der korrekte Verbeugungsgrad eine große Rolle. In Südamerika ist der „Abrazo" üblich, eine Umarmung, bei der man seinem Gegenüber vielleicht auch auf die Schulter klopft. Im arabischen Raum bewegt man seine rechte Hand vom Herzen über die Stirn nach oben und grüßt.

handshake
common

Der Handschlag ist zwar in vielen Ländern üblich, aber er ist nicht überall gleich. In Deutschland sollte man die Hand des Gegenübers bestimmt, aber nicht zu fest drücken, der Handschlag im Mittle-
ren Osten fällt dagegen sanfter aus. Im Westen gehört ein Augenkontakt zum Handschlag, in Japan
und Korea blickt man sich nicht in die Augen. Der Handschlag geht fast überall in der Welt vom Mann
aus, nur sehr selten von einer Frau und eigentlich nie von Kindern. Im südlichen Europa und in Süd-
und Mittelamerika ist der Handschlag meist gefühlvoller und wird oft von einem Griff der linken Hand
an den Ellbogen oder Unterarm des Gegenübers begleitet. In Russland beginnt man oft mit einem
Händeschütteln und umarmt sich dann.

handshake

eigentlich

6. Lesen Sie den zweiten Teil des Textes.

A Welche Aussagen sind *Richtig*, welche sind *Falsch*?

	Richtig	Falsch
a) In Deutschland drückt man die Hand des Gegenübers so fest wie möglich.		x
b) In Japan sieht man dem Gegenüber in die Augen.		x
c) Meist reicht der Mann zuerst die Hand.	x	
d) In Südeuropa gibt man sich die Hand und umarmt sich dabei.		x

B Gibt es im Text Aussagen, mit denen Sie nicht einverstanden sind?

7. Hören Sie drei Gespräche. Welches Bild gehört zu welchem Gespräch?

1/4-6

ein Banküberfall

Gespräch 1: B   Gespräch 2 C   Gespräch 3: A

die Bremse - brakes
bremsen - to brake

der Räuber
der Raub
weapon - die Waffe
die Pistole
die Maske

A   B   C

8. Hören Sie die Gespräche noch einmal.

A Worum geht es?

B Aus welchem Land kommen die Leute?

Gespräch 1: O   Gespräch 2: S   Gespräch 3: D

Deutschland = D
Österreich = A
Schweiz = CH

9. Was meinen Sie?

A Sind die Leute in den Gesprächen …

A zu höflich?   B besonders höflich?   C höflich?   A unhöflich?

B Wie würden Sie sich in diesen Situationen verhalten? Erzählen Sie.

10. Spielen Sie Gespräche zur folgenden Situation.

Sie ziehen gerade in Ihr neues Appartement ein.
Obwohl es Sonntag ist, bohren Sie ein paar Löcher
und schlagen ein paar Nägel in die Wand.
Da klingelt es an der Tür. Ihr Nachbar beschwert sich
über den Lärm. Stellen Sie sich vor und versuchen
Sie ihn zu beruhigen oder loszuwerden.

Arbeiten Sie zu zweit. Machen Sie sich zuerst Notizen
und überlegen Sie, ob das Gespräch eher sachlich sein
soll oder eher emotional.

formell

Guten Tag.

| Guten …, | Herr | Müller. |
| Grüß Gott, | Frau | … |

Mein Name ist …
Ich bin …

                     Freut mich. Schmidt.

Sind Sie nicht Frau … / Herr … ?

informell: mit „Sie" oder mit „Du"

Tag. / Hallo!

| Tag, | Michaela! |
| Hallo, | Frau … / Herr … |

informell: nur mit „Du"

Salü. / Servus. / Grüß dich/euch.

Salü, / Servus, / Grüß dich, Michaela!

Du bist doch Andreas, oder?

| Sie sind doch | Frau …, | nicht wahr? |
| | Herr …, | |

höflich

Entschuldige, / Entschuldigen Sie, aber …

Ich fürchte, du/Sie …

Darf ich dich/Sie bitten, … zu …

| Ich muss | dich | leider darauf aufmerksam |
| | Sie | machen, dass … |

Höfliche Reaktion

Entschuldige,	dass	ich	dich …
Entschuldigen Sie,	wenn		Sie …
Es tut mir sehr leid,			

Ich höre sofort auf.

Aber ich muss leider noch …
Es dauert aber nur noch …

unhöflich

| Du kannst | doch nicht einfach …! |
| Sie können | |

Was fällt	dir	ein,	heute …
	Ihnen		am Sonntag …
			um diese Zeit …

| Hör | bitte sofort mit … auf! |
| Hören Sie | |

Unhöfliche Reaktion

Sagen Sie / Sag mal, … !

Also hören Sie / hör mal, … !

Das geht dich / Sie überhaupt nichts an!

| Kümmere dich | um | deine | Sachen! |
| Kümmern Sie sich | | Ihre | |

In meiner Wohnung …, so lange ich will!

11. Lesen Sie die folgende Liste mit den beliebtesten Namen.

Welche dieser Namen können Sie in Ihre Muttersprache „übersetzen"? Welche Namen gefallen Ihnen? Für welche Namen kennen Sie eine „Bedeutung"?

Die beliebtesten Vornamen in Deutschland

Jungen	Mädchen
1. Lukas	1. Marie, Maria
2. Alexander	2. Sophie
3. Maximilian	3. Anna, Anne
4. Leon	4. Laura
5. Tim	5. Sara, Sarah
6. Daniel	6. Julia
7. Niklas	7. Michelle
8. Jan	8. Lea

12. Hören Sie eine Radioreportage zum Thema „Vornamen".

Welche der folgenden Fragen werden in der Sendung beantwortet?

☒ a) Welche Namen sind zur Zeit modern?
☒ b) Wie sollte ich mein Kind auf keinen Fall nennen?   *in no case / not at all*
☒ c) Werden alle Namen, die mir gefallen, akzeptiert?
☒ d) Wo kann ich Ratschläge bekommen?   *tips*

13. Hören Sie die Radioreportage noch einmal.

Welche Aussagen sind *Richtig*, welche sind *Falsch*?

  1/7

	Richtig	Falsch
a) Im 15. Jahrhundert hießen in Deutschland drei Viertel aller Männer Johann.	X	
b) Die Familientradition spielt bei der Namensgebung keine Rolle.		X
c) Ludwig ist mit seinem Namen sehr zufrieden.	X	
d) Karl Jakobs Vater heißt Franz.	X	
e) Heute sind „alte" Namen wieder modern.	X	
f) Man kann seinem Kind jeden Namen geben, den man will.		X
g) Die Namen Pepsi-Carola und Winnetou wurden nicht akzeptiert.	X	
h) In der Regel können Kinder nur zwei Vornamen bekommen.		X

14. Gesprächsrunde

Sprechen Sie in kleinen Gruppen über die folgenden Aspekte.

a) Erzählen Sie von Ihrem eigenen Namen.
   Gefällt er Ihnen? Kennen Sie die Bedeutung? Steht er in einer Familientradition?
b) Wie heißen Ihre Eltern und Geschwister?
c) Wie haben Sie Ihre Kinder genannt bzw. wie würden Sie Ihre Kinder nennen? Warum?
d) Würden Sie Ihrem Kind einen ungewöhnlichen Namen geben? Warum (nicht)?
e) Berichten Sie über typische und beliebte Namen in Ihrem Heimatland. Übersetzen Sie die „Bedeutung" – wenn möglich – ins Deutsche.

Berichten Sie im Kurs über die interessantesten Ergebnisse.

15. Fünf Fragen

A Lesen Sie die nebenstehenden
   Fragen aus einem Fragebogen
   in einer Zeitschrift.

Präpositionalergänzungen

Wert legen + auf Akkusativ

verzichten + auf Akkusativ   *do w/o / give up*
bestehen + in Dativ
bedeuten + für Akkusativ (+ zu Infinitiv)
träumen + von Dativ

Fünf Fragen reisen um die Welt

Zum Ende des Jahrtausends haben wir jungen Menschen in
verschiedenen Erdteilen die folgenden Fragen gestellt:

1. Worauf legen Sie im Leben besonderen Wert? *attach to* *importance*

2. Worauf können Sie verzichten? *do w/o*

3. Worin besteht Ihrer Meinung nach der Sinn des Lebens? *sense*

4. Was bedeutet für Sie Glück?

5. Wovon träumen Sie? *gar - at all*

B Lesen Sie jetzt die Antworten von drei jungen Leuten.
   Welche Frage passt zu welcher Antwort?

Mona, 18
Südafrika

Zusammen mit ihren Eltern und Geschwistern lebt sie in einer Hütte am Rand von Kapstadt. Drinnen betreibt die Familie auch einen kleinen Laden. Mona geht auf eine High School für Mädchen. Dort gefällt es ihr sehr, sehr gut. *edge*

- Auf Luxus. 2 *exciting* *honest* 2
- Ich frage mich das auch dauernd. Aber ehrlich gesagt, finde ich keine Erklärung. *explanation* 3
- Eine gute Ausbildung, sie ist der Schlüssel zum Erfolg. Damit kann man alles erreichen; ohne Ausbildung gar nichts. 1
- Mit mir selbst zufrieden zu sein und so sein zu dürfen, wie ich bin. 4
- Ich habe viele Träume, die ich mir erfüllen möchte. Ich bin sicher, dass ich es eines Tages schaffen werde. 5

Karl, 33
Österreich

Karl ist Briefträger. Er hat mit seiner Lebensgefährtin Josefine eine kleine Tochter (Martina, 1½ Jahre). Die Familie lebt in einem alten Häuschen am Ortsrand von St. Wolfgang im Salzkammergut.

- Gesundheit und Zufriedenheit. Alles andere ist nicht so wichtig. 1
- Auf alle so genannten Statussymbole: modische Kleidung, teures Auto und so weiter. 2
- Wenn ich unsere Kleine lachen höre und sehe, dann bin ich restlos glücklich. 4
- Von einem zweiten Kind. Aber die Josi mag nicht so recht. 5
- Darauf gibt es keine kurze und eindeutige Antwort. Das Leben selbst ist der Sinn. 3

Sun Pan, 20
Laos

Seit Sun Pan Geografie studiert, lebt sie im Studentenwohnheim in Vientiane. Sie hat zwei jüngere Schwestern und drei jüngere Brüder. Ihr Vater ist Dorflehrer, ihre Mutter Hausfrau. Sun Pan steht morgens um fünf auf, stickt eine Stunde, ist bis zum Nachmittag in der Uni, dann kauft sie ein, kocht Essen und lernt bis um 21 Uhr.

- Davon, einmal Lehrerin zu werden. 5
- Viele Freunde um mich zu haben, die für mich da sind und die mich verstehen. 3
- Meinem Land zu dienen. 1 *serve*
- Auf große Autos oder so etwas. 2
- Lernen und die Eltern glücklich machen. 4

2

16. Fragen und Antworten

Arbeiten Sie in kleinen Gruppen. Stellen Sie sich gegenseitig Fragen.

§ 15

Beispiele: Wovon träumen Sie? – *Von einem großen Auto.*
Davon, dass es allen Menschen gut geht.
Ich träume von …

Wofür interessieren Sie sich? – *Für …*
Dafür, dass …

Womit beschäftigen Sie sich? – *Mit …*

wor… – dar…   **Themen aktuell 2, § 12**
● *Worauf* kannst du verzichten?
■ Auf Luxus.
■ *Darauf, dass* du mir solche Fragen stellst.

17. Kettenspiel

A stellt B eine Frage mit einem der folgenden Verben.
B antwortet und stellt C eine andere Frage mit einem der Verben.

Verben mit Präposition + Akkusativ

glauben + an Akk.   sich ärgern + über Akk.
sich verlassen + auf Akk.   sich aufregen + über Akk.
vertrauen + auf Akk.   sich bemühen + um Akk.
sich einsetzen + für Akk.

> Woran zweifelst du manchmal?

> Daran, dass die Menschen vernünftig sind.

Verben mit Präposition + Dativ
zweifeln + an Dat.   sich fürchten + vor Dat.   träumen + von Dat.

18. Fünf Fragen reisen durch den Kurs.

Beantworten Sie auf einem Blatt die fünf Fragen des Fragebogens. Schreiben Sie davor zwei bis drei Sätze über sich selbst.

Ich komme aus Italien. Ich studiere Philosophie im dritten Semester. Ich lebe mit meinen Eltern und meinem Bruder in Rom, in einer großen Wohnung im Stadtzentrum.

1 Worauf lege ich im Leben besonderen Wert? – Auf einen guten Studienabschluss.

2 Worauf kann ich verzichten? – Auf ein Haus im Grünen.

3 Worin besteht meiner Meinung nach der Sinn des Lebens? –

4 Was bedeutet für mich Glück? –

5 Wovon träume ich? –

Die Blätter werden eingesammelt, gemischt und vorgelesen. Die Gruppe rät, wer was geschrieben hat.

19. Kursporträt

Bringen Sie ein Foto von sich selbst mit oder malen Sie ein Selbstporträt. Kleben Sie die Bilder auf ein großes Plakat und schreiben Sie Ihre korrigierten Texte aus Aufgabe 18 dazu.

20. Sehen Sie sich die folgenden Texte an.

Wo kann man solche Texte finden?

Hallo, lieber Surfer! Du bist soeben auf der privaten Homepage der Familie GREIFFSTEIN gelandet.

Die GREIFFSTEINS im Internet?
Warum denn das?
Ganz einfach: Unsere
Verwandten, Freunde und
Bekannten leben in Argentinien
und Kolumbien, auf Sri Lanka
und Bali, in den USA, in
Südafrika und Kasachstan – und
die wollen wir über alle
GREIFFSTEIN-News aus „Good
Old Germany" unterrichten.
Und wie sollte das schneller und
preiswerter gehen als mit dem
WWW?

Wir sind:

Ina und Harald
(die alten Greiffsteins)

Marlene und Jan
(die jungen Greiffsteins)

Wutzel
(der wuschelige Greiffstein)

Und hier die **AKTUELLEN NEWS** zum Anklicken:
- ▶ Marlenes Geburtstagsparty (89 KB, 12.10.)
- ▶ Wutzels gigantisches Loch im Stadtpark (12 KB, 29.08.)
- ▶ Ina und Harald im Norwegen-Urlaub (69 KB, 16.08)
- ▶ Jans Zeugnis (49 KB, 01.06.)

TSCHÜS! CIAO!

ARRIVEDERCI!

SO LONG! ADIOS!

AU REVOIR!

SEE YOU!

HASTA LA VISTA!

Über deine MAIL freuen wir uns besonders!   **Diese Seite wurde zuletzt aktualisiert am 14.10.**

Paul Schönberg

Lebenslauf Paul Schönberg.

> **1964** Mein Geburtsjahr. Guter Jahrgang. Es soll schlimmere Kinder gegeben haben.

> **1970** Der erste Schultag. Die Schule war nie ein Problem. Keine Schlägereien, wenige schlechte Noten, einige schlechte Lehrer. Ab der achten Klasse Chefredakteur der Schülerzeitung, ab der zehnten Klasse lieber Theater gespielt.

> **1983** Hinein ins süße Studentenleben. Politik und Romanistik in Heidelberg. Erst nach drei Jahren gemerkt, dass man damit nichts werden kann.

> **1986** Wechsel zur Volkswirtschaftslehre (womit man eigentlich auch nichts werden kann) und nach Berlin. Tolle Stadt.

> **1994** Der Ernst des Lebens beginnt mit vergeblicher Jobsuche. Nach einem Jahr die erste richtige Stelle als Wirtschaftsberater, hat Spaß gemacht.

> **Jetzt** Fortbildung zum Spezialisten für das Internet. Ergebnis davon sind diese Homepage und die Erkenntnis, dass dieses faszinierende Medium für mich ideal ist.

21. Vergleichen Sie die beiden Texte.

A   Welche Homepage gefällt Ihnen besser? Warum?
B   Markieren Sie die Informationen, die Sie wichtig und interessant finden. Welche sind Ihrer Meinung nach unnötig?

22. Ich über mich

Stellen Sie sich vor, ein Freund gestaltet eine Homepage für Sie. Schreiben Sie dafür einen Text über sich selbst.

Was möchten Sie anderen Menschen über sich mitteilen?
a)   Entscheiden Sie: Möchten Sie eher wie Familie Greiffstein oder eher wie Paul Schönberg schreiben?
b)   Schreiben Sie zuerst Stichpunkte auf. Arbeiten Sie auch mit dem Wörterbuch.
c)   Bringen Sie Ihre Stichpunkte in eine sinnvolle Reihenfolge.
d)   Formulieren Sie Ihren Text. Verwenden Sie dafür einen Fantasienamen.

Name (Fantasiename!)

Wohnort/Herkunft

Alter

Familie

Hobbys/Freizeit
Ich interessiere mich für …
Ich beschäftige mich gern mit …
In jeder freien Minute …

Aussehen

Beruf
Ich bin …
Ich bin … von Beruf.

| Ich | arbeite | als … |
| | habe eine Stelle | bei … |

persönliche Eigenschaften

Ich bin	sehr	sportlich – unsportlich.
	ziemlich	ruhig – lebhaft.
	…	ernst – fröhlich.
		… – …

Schule
Ich besuche die …schule.

Ich habe	den Hauptschulabschluss.
	die mittlere Reife.
	das Abitur.

Studium
Ich besuche die …-Universität in …
Ich studiere …

| Ich habe mein Studium | abgeschlossen. |
| | abgebrochen. |

Kenntnisse

Ich habe	gute	Computerkenntnisse.
	nur geringe	Sprachkenntnisse.
	…	…

23. Wer ist wer?

Hängen Sie Ihre Texte im Klassenzimmer auf.
Alle raten: Wer ist wer?

Das hier ist sicher Maria.
Sie spielt doch so gern Fußball.

Nein, das glaube ich nicht.
Das ist eher Tim. Er …

19. Stadtplanung

Wählen Sie gemeinsam acht der folgenden Gebäude aus und zeichnen Sie sie in den Stadtplan ein.

> **>**
> **§ 1**

das	*Park-*	haus
	Büro-	
	Kranken-	
	Einkaufs-	zentrum
	Kultur-	
	*Arbeits*amt	

| der | *Nacht*club |
| | *Haupt*bahnhof |

| die | *Lukas*kirche |
| | *Markt*halle |

Themen aktuell 2, § 21

Passiv						
bauen	→	**wird**	**gebaut**	**soll**	**gebaut**	**werden**
build inside – umbauen	→		umgebaut		umgebaut	
ausbauen	→		ausgebaut		ausgebaut	
tear down abreißen	→		abgerissen		abgerissen	
modernisieren	→		modernisiert		modernisiert	
renovieren	→		renoviert		renoviert	

20. Stadterneuerung

> **>**
> **§ 23, 24**

A Planen Sie in Gruppen eine Stadterneuerung. Notieren Sie drei Gebäude, die abgerissen werden sollen, drei, die renoviert oder modernisiert werden sollen, und zwei, die neu gebaut werden sollen.

Wird abgerissen: die Markthalle, ...
Wird renoviert: ...
Wird neu gebaut: ...

B Spielen Sie jetzt mit einer anderen Gruppe verschiedene Gespräche.

Wir haben gehört, man will in der
...straße ein ... bauen. Stimmt das?

→ Ja, das stimmt, da wird ...
Doch nicht in der ...straße! Am ...platz
wird ein ...!
Nein, davon weiß ich nichts.

Ich habe gelesen, man will die alte
Lukaskirche abreißen.

→ Das stimmt nicht. Im Gegenteil, ... soll
doch renoviert werden.

Habt ihr das schon gehört? ... wird
endlich modernisiert.

→ Ja, Gott sei Dank! ...

21. Sprechen Sie über Ihre Heimatstadt.

22. Räume und Einrichtungen

Wie viele Räume hat eine Familie in Ihrem Heimatland normalerweise?
Wo spielt sich das Leben hauptsächlich ab?
Gibt es spezielle Zimmer für einzelne Familienmitglieder, z. B. Kinderzimmer?

23. Was tut der Besitzer in dieser Wohnung?

am Computer	abwaschen — frühstücken
Besuch	arbeiten — hören
das Fahrrad	backen — kochen
Essen	duschen — machen
Feste	empfangen — rasieren
Geschirr	entspannen — reparieren
Hausaufgaben	essen — schlafen
Kuchen	feiern — trocknen
mit Gästen	fernsehen — waschen
Musik	fit halten
Wäsche	
sich	

Geschieht ein Zimmer in meinem Haus.

24. Stellen Sie die Möbel an einen Platz.

Sehen Sie sich zuerst gemeinsam das Haus *Common*
an und benennen Sie die verschiedenen
Räume. *Name*
Arbeiten Sie dann zu zweit. Partner 1 wählt
einen Raum, z. B. das Wohnzimmer, und
zeichnet passende Möbel hinein. Partner 2
darf die Zeichnung nicht sehen. Partner 2
stellt Fragen. Danach tauschen Partner 1
und Partner 2 die Aufgaben.

Wohin hast du den Schreibtisch gestellt?

   – Ins Wohnzimmer.

Ja, aber wohin denn da?

   – Nach hinten rechts, neben das Fenster.

Wohin ... gestellt/gelegt/gehängt/getan ?				
da- hier- dort-	hin	nach	draußen drinnen oben unten drüben	vorn hinten links rechts

Möbel/Sachen

der Hundekorb	der Stuhl
der Kühlschrank	der Teppich
der Schrank	der Esstisch
der Schreibtisch	der Wäschetrockner
der Spiegel	

das Bett	das Regal	die Couch
das Bild	das Sofa	die Zimmerpflanze
		die Waschmaschine

25. Unterkünfte

Welche der folgenden Unterkünfte würde Ihnen am besten gefallen, wenn Sie einige Monate im Ausland verbringen? Warum?

> Eine Unterkunft in einer Gastfamilie, weil ich da Kontakt zu Einheimischen hätte.

Unterkunft	Vorteil
Gastfamilie	unabhängig sein *to be independent*
Hotel, Pension	keine Rücksicht auf andere nehmen müssen *considerate*
Gästehaus, Studentenwohnheim	eine preiswerte Unterkunft haben
möbliertes Zimmer	Kontakt zu Einheimischen haben *natives*
Jugendherberge *youth hostel*	leicht Kontakt zu anderen Studenten finden
Wohngemeinschaft *group flat*	sich die Kosten für eine Wohnung teilen ... *share*

26. Sie erhalten einen Brief von Ihrer Bekannten.

Welche Meinung hat sie über ihre Unterkunft in Deutschland?
Sie ...

- ☐ beschwert sich darüber. *complain*
- ☒ wundert sich darüber. *surprise*
- ☒ wohnt lieber in der eigenen Wohnung als im Gästehaus.
- ☐ findet die gemeinschaftliche Benutzung von Bad und Küche inakzeptabel.

total

> In meinen ersten Wochen in Tübingen konnte ich nur im Gästehaus der Universität Unterkunft finden. Dort hatte ich ein großes Zimmer, aber Badezimmer und Küche musste ich mit anderen Bewohnern des Gästehauses teilen. (Im riesigen Kühlschrank gab es für jeden Bewohner ein eigenes, abschließbares Fach.) Dabei war das Haus so groß, dass es wohl möglich gewesen wäre, zu jedem Zimmer ein kleines Badezimmer und eine Kücheneinrichtung zu bauen. Diese für mich völlig neue Erfahrung war nicht so schlecht, und ich konnte dadurch viel über die „akademischen" Kochgewohnheiten verschiedener Nationen erfahren. Ich war aber froh, nach einiger Zeit eine richtige Wohnung im Dozentenwohnheim zu bekommen. *faculty dorm.*

§ 2b) *lockable compartment* *kitchen equipment* *cooking habits*

Erfahrung - experience

27. Antworten Sie Ihrer Bekannten.

Berichten Sie über eigene Erfahrungen mit solchen Unterkünften. *such*

Schreiben Sie über die folgenden Punkte:

- in was für einer Art von Unterkunft *sort* Sie gewohnt haben;
- was daran positiv war;
- wie das Duschen oder Baden organisiert war;
- wie das Essen bzw. Kochen geregelt war. *regular*

Beginnen Sie Ihren Text so:

> Liebe Angela,
>
> vielen Dank für Deinen netten Brief. Was Du über Dein Gästehaus in Tübingen schreibst, kommt mir bekannt vor. Ich habe auch schon mal ...
>
> Herzliche Grüße
> Deine

In diesem Prüfungsteil sollen Sie den Inhalt eines längeren Textes erschließen. Dazu bekommen Sie fünf Auswahlaufgaben.

Arbeitszeit: etwa 35 Minuten

Vor dem Lesen

Vorwissen aktivieren: Beschäftigen Sie sich kurz mit der Überschrift und dem Untertitel des Textes (auf Seite 29). Was fällt Ihnen spontan zu dem Wort „Umzug" ein? Z. B.: Wie oft sind Sie in Ihrem Leben umgezogen? Woran erinnern Sie sich dabei? Was fällt Ihnen zu dem Wort „Waschbecken" ein, wenn Sie an den Umzug denken? Was passiert mit dem Waschbecken, was mit den Möbeln aus Küche, Bad, Wohnzimmer?

Aufgaben: Auch wenn auf dem Prüfungsblatt steht, dass Sie zuerst den Text lesen sollen: Lesen Sie ihn jetzt *noch nicht*, sondern sehen Sie sich zuerst die fünf Aufgaben an.
Lesen Sie jeweils nur den ersten Satz jeder Aufgabe. Welche Informationen sollen Sie im Text finden? Geht es in den Aufgaben wirklich um das Thema, das Sie erwarten? (Wenn nicht, worum geht es dann? Und überlegen Sie dann von neuem, was Sie über das Thema schon wissen!)

Lesen und Lösen

Erstes Lesen: schnell und ganz

Lesen Sie den Text bis zum Ende einmal durch. Unterstreichen Sie Wörter, die Ihnen wichtig scheinen, z. B. „Möbel", „wenig Platz", „Einzelteile", „Umzugskisten" usw.
Halten Sie sich beim Lesen nicht mit Wörtern auf, die Sie nicht verstehen.

Zweites Lesen: gründlich und gezielt

Arbeiten Sie die Aufgaben zügig durch. Suchen Sie im Text die Stellen, mit denen Sie die Aufgaben lösen können. Nehmen Sie dabei Ihre Unterstreichungen zu Hilfe.
Lassen Sie sich auch jetzt nicht durch Wörter nervös machen, die Sie nicht verstehen und nicht erraten können.

Lesen Sie den Zeitungsartikel „Umzug mit Waschbecken" und lösen Sie dann die fünf Aufgaben zum Text. (Der Text ist auf Seite 29.)
Lösen Sie die Aufgaben Nr. 1 bis 5 auf Seite 29. Entscheiden Sie, welche Lösung (A, B oder C) richtig ist.
Achtung: Die Reihenfolge der einzelnen Aufgaben folgt nicht immer der Reihenfolge des Textes.

Beispiel: Das Besondere an diesen Möbeln ist:
  A) Sie lassen sich leicht auseinandernehmen.
  B) Sie lassen sich leicht selber machen.
  C) Sie werden von einem Tischler speziell gebaut.

Lösung: A B C

Umzug mit Waschbecken

Teurer Trend: Möbel zum Mitnehmen für den Stadtbewohner

„Freiraum" heißt die Firma von Maximilian Böhm – und dieser Name ist Programm. Denn der gelernte Tischler lässt in seiner Werkstatt Möbel machen, die zusammengelegt wenig Platz wegnehmen. Manche können sogar in Reisetaschen mitgenommen werden. Gelegentlich lassen sich die Einzelteile auch als Umzugskisten verwenden – genau das Richtige für den flexiblen, mobilen Menschen auf Job- oder Studienplatzsuche. Gerade junge Leute, so Böhm, seien doch „ständig zwischen den Metropolen unterwegs".

Den neuen Menschenschlag des „Stadtnomaden" haben außer Böhm auch andere entdeckt. Eine ganze Reihe von Designern hat faltbare Sitze, superleichte Regale, Schränke aus dünnen Folien oder zusammensteckbare Stühle aus dünnem Holz wie etwa den „Clic clac" entworfen. Neuerdings gibt es sogar umzugsfreundliche Küchen- und Badeinrichtungen.

Doch die mobilen Studenten-Möbel haben ein Manko: „Mobilität ist teuer", bedauert Ralf Sommer, Design-Professor in Hamburg. Denn alles, was zerlegbar ist, muss extrem präzise

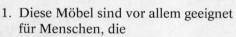

gearbeitet sein. Sonst funktioniert es nicht. Der Designer Dieter Sieger glaubt allerdings: „Wenn man so ein Möbel ein paarmal mitnehmen kann, macht es sich doch bezahlt."

Sieger hat im letzten Jahr eine mobile Badeinrichtung entworfen. Schon bevor Sieger das Bad zum Mitnehmen erfand, stellten große Küchenhersteller ihre mobilen Lösungen vor. Der Hamburger Innenarchitekt Michael Wagenhöfer entwickelte ein System, das es ermöglicht, die Modul-Küche in unterschiedlich geschnittene Räume zu bauen.

Der Designer Herbert Schultes setzt auf leichtes Material. „Um Geschirr zu verbergen, sind keine kiloschweren Holztüren nötig", findet Schultes. Sein „design light", argumentiert er, reduziere auch den Energieaufwand, der bei Umzügen entstehe.

Anderen Mobilmöbel-Designern geht es allerdings nicht nur um leichte Transportmöglichkeit. „Möbel müssen sich heute verschiedenen Situationen anpassen", sagt Anette Ponholzer, die in New York erlebt hat, wie wichtig Flexibilität in kleinen Wohnungen ist. Roll-, falt- und klappbare Möbel leisten auch innerhalb der vier Wände gute Dienste, wenn etwa aus dem Computertisch schnell ein Esstisch wird oder sich die Einzelteile des Regals auch als Umzugskisten benutzen lassen.

1. Diese Möbel sind vor allem geeignet für Menschen, die
   A) Großstädte lieben.
   B) kein Bad in der Wohnung haben.
   C) häufig umziehen.

2. Das Besondere an den verwendeten Materialien ist:
   A) Es sind natürliche Materialien.
   B) Sie sind besonders teuer.
   C) Sie wiegen besonders wenig.

3. Es gibt solche Möbel
   A) für innen und außen.
   B) nur für Bad und Küche.
   C) für verschiedene Räume.

4. Die Vorteile dieser Möbel sind:
   A) Sie lassen sich von Wohnung zu Wohnung mitnehmen.
   B) Sie passen zu jeder Einrichtung.
   C) Sie sind niedrig im Energieverbrauch.

5. Ein Nachteil dieser Möbel:
   A) Sie gehen leicht kaputt.
   B) Sie sind für Studenten zu teuer.
   C) Sie werden hauptsächlich von jüngeren Menschen gekauft.

Lösung:

1. A B C	3. A B C	5. A B C
2. A B C	4. A B C	

2. Feng Shui

Worum geht es wohl in dieser Folge?

- ▢ Um eine asiatische Sportart?
- ▢ Um chinesische Medizin?
- ▢ Um eine Lehre für Architektur und Einrichtung?

1. Abschnitt

Was passiert hier?

Wer?		Was?		Wo?

> die Wohngemeinschaft – die Bewohner – die Mitbewohner – Karlheinz – die Möbel –
> die Dreizimmerwohnung – die Kisten – die Kartons – die Treppe – das Treppenhaus –
> rauftragen – schleppen – einziehen – ausziehen – umziehen

2. Abschnitt

A   Wer ...

	Karlheinz	Edwin	Ursula	niemand
... spendiert Champagner?	▢	▢	▢	▢
... hat immer neue Ideen?	▢	✗	▢	▢
... ist oft depressiv?	▢	▢	▢	▢
... ist zu dick und zu schwer?	▢	▢	▢	▢
... liest Bücher über Feng Shui?	▢	▢	▢	▢
... glaubt nicht an Feng Shui?	▢	▢	▢	▢
... hat es noch nicht geschafft, Rechtsanwalt zu werden?	▢	▢	▢	▢
... denkt ständig ans Geldverdienen?	▢	▢	▢	▢
... macht ständig Computerspiele?	▢	▢	▢	▢

B   Wer mag wen?

Beispiel: *Ursula findet Edwin sympathisch. Deshalb hilft sie ihm beim Einziehen.*

C   Und welche Person ist *Ihnen* sympathisch? Warum?

3. Abschnitt

Warum ...
... soll Edwin den Schreibtisch anders stellen? – Weil ...
... braucht er eine Zimmerpflanze?
... leiht Ursula ihm „Marianne" aus?
... soll er mit seiner Zimmerpflanze sprechen?
... fühlt er sich richtig wohl bei Ursula und Karlheinz?

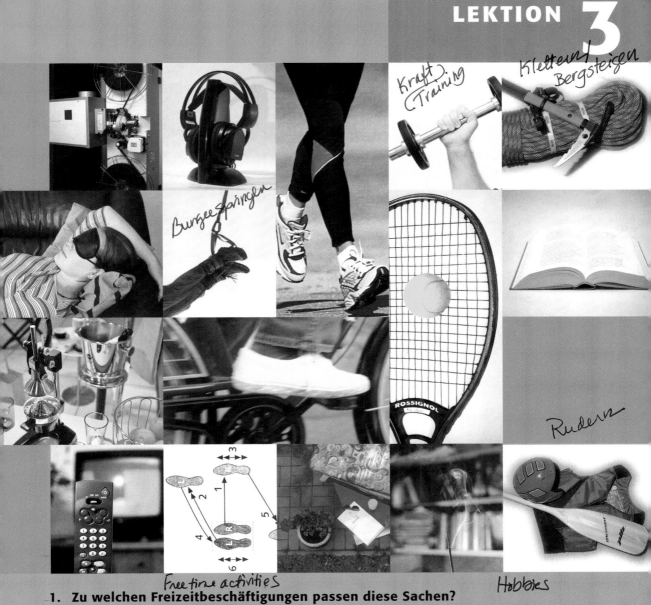

Kraft) Training

Klettern/ Bergsteigen

Bungee springen

Rudern

1. Zu welchen Freizeitbeschäftigungen passen diese Sachen?

Free time activities   *Hobbies*

Sammeln Sie Ihre Ergebnisse.

2. Welche dieser Freizeitbeschäftigungen gefällt Ihnen persönlich am besten?

Welche gar nicht? Warum?

| zu gefährlich | | zu teuer | entspannend | interessant |

too dangerous   zu langweilig   abwechslungsreich   gesund   erholsam *relaxing*

not boring/exciting

3. Was machen Sie in Ihrer Freizeit?

A Fragen Sie Ihre Partnerin / Ihren Partner und berichten Sie darüber im Kurs.
B Erstellen Sie eine Hitliste der Freizeitbeschäftigungen.

FREIZEIT UND FITNESS

4. Ordnen Sie die folgenden sechs Aussagen den Texten zu.

Die <u>Brinkmanns</u> radeln am Wochenende. – Die <u>Erdmanns</u> gehen in die Luft. – <u>Ilona</u> Mayerding bleibt zu Hause. – <u>Maxl</u> Griesbach macht Bodybuilding. – <u>Silke</u> Hofmeister sieht gern Filme. – <u>Senta</u> Burger spielt Fußball im Verein.

Die Mini-Umfrage:
Was unsere Leser in ihrer Freizeit machen

Unser Familien-Freizeitprogramm spielt sich hauptsächlich am Wochenende ab. Von Montag bis Freitag ist unser Terminkalender <u>randvoll</u>: Die Kinder in die Schule, wir zur Arbeit, nachmittags sind die Kinder beim Sport, machen Hausaufgaben oder treffen sich mit Freunden, und die Abende sind schnell vorbei. Aber am Wochenende, wenn es schön ist, sind wir oft mit dem Fahrrad unterwegs. Den Kindern macht das Spaß, denn es gibt immer eine <u>Wirtschaft</u> unterwegs, wo man ein Eis essen kann.

Brinkmanns

Ich gehe <u>leidenschaftlich</u> gern ins Kino. Das hat mich auch <u>bisher</u> davon abgehalten, mir einen Fernseher zu kaufen. In meinem Stadtviertel gibt es ein paar richtig gemütliche kleine Kinos. Es gibt für mich nichts Schöneres, als mit einer Tüte Gummibärchen dazusitzen und einen Film zu sehen. Wenn ich mal schlechte Laune habe, sind Liebesfilme am besten. Und eigentlich mag ich auch Kinderfilme. Als Erwachsene traue ich mich aber nicht allein in einen Kinderfilm, da nehme ich immer die kleine Tochter meines Bruders mit.

Silke

Vor ein paar Jahren haben uns Freunde zum Geburtstag eine Ballonfahrt geschenkt. Das hat uns so fasziniert, dass wir uns bald dazu entschlossen haben, das Ballonfahren zu unserem Hobby zu machen. Dazu haben wir uns einem Ballonfahrer-Team angeschlossen. Bei schönem Wetter sind wir fast jedes Wochenende draußen. Es ist schon ein tolles Gefühl, lautlos durch die Luft zu gleiten und zu sehen, wie die Landschaft im Zeitlupentempo unter einem <u>vorüber</u>zieht.

Erdmanns

Das Fitness-Studio ist mein zweites Zuhause. Fast jeden Tag gehe ich nach der Arbeit ins Sport & Fun. Ich habe ein ganz bestimmtes Trainingsprogramm. Das dauert insgesamt zwei Stunden. Man muss sich doch fit halten, und außerdem ist es ein tolles Gefühl, wenn man gut aussieht. Man trifft auch immer wieder die gleichen Leute, und so sitzen wir nach dem Training oft noch ein bisschen zusammen bei ein paar Energie-Drinks. Wenn ich dann gegen halb elf nach Hause komme, gehe ich gleich ins Bett und schlafe wie ein <u>Stein</u>.

Maxl

Ich mache viel Sport. Eigentlich mag ich alles, was mit Bällen zu tun hat. Schon als Kind war ich mit meinen Brüdern ständig auf dem Fußballplatz. Heute spiele ich in der Damenmannschaft bei unserem lokalen Fußballverein. In dieser Saison läuft es sehr gut, und mit etwas Glück können wir es in die Landesliga schaffen. Das heißt aber auch: drei- bis viermal die Woche Training und jedes Wochenende Spiele. Trotzdem: Es macht sehr viel Spaß.

Senta

Also, wenn Sie mich fragen, ich bleibe am liebsten <u>daheim</u> in meiner Freizeit. In der Woche <u>ist</u> man doch die ganze Zeit <u>auf Achse</u>, da will man doch am Abend seine Ruhe haben. Der Stress in der Arbeit <u>reicht mir völlig</u>, da will ich abends nicht auch noch Freizeitstress haben. Am Wochenende treffe ich mich oft mit Freunden, <u>entweder</u> bei ihnen oder bei mir. Dann kochen wir was Schönes und unterhalten uns bis spät in die Nacht.

Ilona

5. Auf wen trifft das zu?

a) Ein gutes <u>Aussehen</u> gibt einem ein gutes Gefühl. *appearance* _____ Maxl

b) In der Freizeit muss man nicht immer etwas unternehmen. _____ Ilona

c) In der Woche haben wir lauter Termine. _____ Brinkmanns

d) Ich fühle mich in den kleinen Kinos wohl. _____ Silke

e) Sport im Verein bedeutet auch regelmäßiges Training. _____ Senta

f) Wir sehen die Welt am liebsten von oben. _____ Erdmanns.

6. Sammeln Sie weitere Informationen zur Lieblingsbeschäftigung der Personen.

Beispiel: Maxl Griesbach macht Bodybuilding.

wann?	wo?	warum?	Besonderheiten
abends (nach der Arbeit)	im Fitness-Studio	Gesundheit und gutes Aussehen	Fitness-Studio als zweites Zuhause

7. Ein Telefongespräch

A Hören Sie das Gespräch. Wer spricht?

einen operat

 1/10

B Hören Sie das Gespräch noch einmal und machen Sie Notizen: Worum geht es? Was wird vereinbart (Zeit, Ort)?

8. Komm doch mit!

Jemanden Überreden — to convince someone

Überlegen Sie sich eine Freizeitaktivität und überreden Sie Ihre Nachbarin / Ihren Nachbarn mitzumachen.

Gespräch einleiten

Hallo, …

Du, sag mal …

… eigentlich … *- actually*

Es geht um Folgendes: … *- It is abt The following:*

Vorschläge machen *running*

Schau mal, in … läuft/ist gerade …

Weißt du was? In …

Ich habe eine Idee: …

Wir könnten <u>mal wieder</u> … *again*

Wollen wir mal wieder …?

Was hältst du davon?

was denkst du über? (dar)

Vorschlag annehmen

Ja, prima.

Gut, machen wir.

Okay.

Super, das finde ich toll.

Vorschlag ablehnen / Gegenvorschlag

Nein, lieber nicht. Aber wir könnten …

Keine Lust! Ich würde lieber …

Vielleicht ein anderes Mal!

9. Was verbinden Sie mit Sport?

Sport — gesund

Jogging

Aerobic*s*

Spinning

Bodystyling

10. Interview mit einer Sportjournalistin

A Sehen Sie sich die Bilder an und ordnen Sie die Sportarten den Bildern zu.

B Wo würden Sie gern mitmachen?

| Spinning | Aerobics | Jogging | Bodystyling |

C Lesen Sie die Informationen zur Fitness-Branche.

> **Die Fitness-Branche boomt.**
> Derzeit gibt es in Deutschland rund 6000 Fitnessclubs, und ständig kommen neue dazu. Man schätzt, dass in wenigen Jahren fünf bis sechs Millionen Bundesbürger Mitglied in einem Club sein werden und dass die Branche etwa 120 000 Menschen beschäftigt.

im moment — *constantly* — *estimates* — *to give work*

1/11

D Hören Sie jetzt das Interview. Bringen Sie die folgenden Themen in die richtige Reihenfolge.

_3_ Sport, Mode und Musik

_6_ Auf das richtige Training kommt es an. *is important*

_2_ Neues Image des Sports durch Fitness-Studios

_1_ Im Allgemeinen zu wenig Bewegung *general*

_5_ Fitness-Studios als Freizeitgestalter

_4_ Kosten der Fitness-Studios

E Hören Sie das Interview noch einmal.
Welche Aussagen sind *Richtig*, welche sind *Falsch*?

	Richtig	Falsch
a) Wegen des täglichen Bewegungsmangels *Physical deficiency* ist regelmäßiger Sport wichtig.	X	
b) Schon in den 70er-Jahren waren die Fitness-Studios sehr beliebt. *popular*	X	X
c) In den Sportvereinen war Sport sehr lange etwas Ernstes und Mühevolles. *serious + laborious*	X	
d) Bei der Aerobics-Welle ist das Wichtigste, dass man sehr schnell Gewicht verliert. *lose*		X
e) Viele Menschen geben heute eine Menge Geld für Sport aus. *quantity*	X	
f) In Fitness-Studios gehen vor allem junge Leute und Singles.		X
g) Das Sportprogramm der Studios läuft den ganzen Tag bis spät in die Nacht.	X	X
h) Manche Leute sehen ihr Studio als zweite Heimat.	X	
i) Man bietet den Besuchern der Studios auch an den Wochenenden ein Freizeitprogramm.	X	
j) Man muss die Übungen richtig machen.	X	

11. Die Fitnesswelle – Plus und Minus

Notieren Sie in Stichworten positive und negative Aspekte der Fitnesswelle aus dem Interview in Aufgabe 10. Bilden Sie dann zwei Gruppen und diskutieren Sie: Eine Gruppe findet die Fitnesswelle positiv, die andere negativ.

> Das Fitness-Studio macht einfach Spaß!

> Das ist doch viel zu ...

12. Fitness-Tipps

A Was passt zusammen?

1 Gesundheitszustand ~health status~   a) wie man etwas macht   1 **C**
2 problemfrei   b) lange   2 **d**
3 Anleitung   c) wie gesund man ist   3 **A**
4 abwechseln ~take turns~   d) ohne Probleme   4 **e**
5 ausgedehnt ~stretched~   e) etwas anderes machen   5 **b**

B Lesen Sie die Tipps.

Die Sport & Spaß Fitness-Tipps

- Sich nicht zu schnell bewegen.
- Sportarten abwechseln.
- Regelmäßig in Bewegung sein.
- Am besten ausgedehnte Spaziergänge und Joggen.
- Den Gesundheitszustand ärztlich überprüfen lassen.
- Am Anfang problemfreie Geräte wie das Laufband ~treadmill~ benutzen.
- Muskeltraining nur unter professioneller Anleitung.
- Niemals zwei Tage hintereinander Muskeltraining machen. ~in a row~

>> Oberstes Ziel: sich wohl fühlen! << ~top goal~

13. Formulieren Sie die Fitness-Tipps mit *Man sollte* ... / *Sie sollten* ...

> Sie sollten sich nicht zu schnell bewegen.

> Man sollte...

Ratschläge und Empfehlungen

du solltest / Sie sollten / man sollte
Du *solltest* nicht zu viel Sport machen.
= Ich rate dir, nicht zu viel Sport zu machen.

14. Lesen Sie den Text und setzen Sie die Überschriften an die richtige Stelle.

Ein Star im Süden   Niemals aufgeben!

Treffpunkt Training

Eine Beziehung über 800 Kilometer   Nur der Erfolg zählt

A — Eine Beziehung ...

Sie sind schon ein seltsames Paar. Für ihn gibt es nichts Schöneres, als 3,8 Kilometer zu schwimmen, dann 180 Kilometer Rad zu fahren und danach noch einen Marathon zu laufen – in zusammen nicht mehr als acht Stunden. Sie findet ihre Erfüllung darin, in Flüssen bis zu 88 Kilometer am Stück zu schwimmen. Thomas Hellriegel, erster deutscher Sieger des legendären „Ironman"-Triathlon auf Hawaii, und Peggy Büchse, die weltbeste Langstreckenschwimmerin, führen eine „extreme" Beziehung. „Oft sehen wir uns wochenlang nicht", klagt Peggy, „und wenn wir uns mal treffen, dann nur für ein paar Tage." Doch mehr als der Wettkampf-Kalender trennen die beiden Ausdauerathleten zwei typisch deutsch-deutsche Sportlerbiografien. Und die 800 Kilometer zwischen ihren Heimatorten. Die 27-jährige Peggy Büchse wohnt und trainiert in Rostock und war ein wohl behütetes Kind der Kinder- und Jugendsportschulen der DDR – ein Siegertyp nach Plan. Der Profi Hellriegel lebt noch zu Hause im badischen Bruchsal. „Hier finde ich optimale Bedingungen. Meine Eltern halten mir den Rücken frei, so kann ich mich auf den Sport konzentrieren."

[Extremisten]

Marathon-Schwimmerin Peggy Büchse und Triathlet Thomas Hellriegel sind Deutschlands fittestes Liebespaar – und jetzt fahren beide zum Ironman nach Hawaii.

B — Treffpunkt Training

Gemeinsame Treffen gibt es nur zwischen Wettkampfreisen und Trainingslagern. Das führt gelegentlich zu sehr attraktiven Reisen, etwa wenn Peggy ihren Thomas in gut zwei Wochen für einige Tage nach Hawaii begleiten kann, wo der am 23. Oktober seinen Titelgewinn als „Ironman" wiederholen will. Das gemeinsame Training bei solchen Gelegenheiten ist für die beiden wie für andere ein romantisches Essen bei Kerzenschein. Thomas freut sich, wenn er die Bahn im Schwimmbad mit Peggy teilen kann, zieht dabei aber immer den Kürzeren: „Gegen Thomas kämpfe ich bis aufs Messer. Es darf einfach nicht sein, dass er schneller als ich schwimmt."

C — Nur der Erfolg zählt

Seit über zwei Jahren leben die beiden Spitzensportler nun schon eine Liebe nach Terminkalender. Dabei war der Beginn – es war bei einem Trainingslager in Italien – äußerst spontan.
Hellriegel war gleich begeistert von der blonden Powerfrau: „Unglaublich, wie sie Tag für Tag ihre Kilometer schwamm." Und auch Peggy war von Thomas sofort hingerissen: „Sein Leistungsvermögen hat mich von Anfang an fasziniert." So rekordverliebt schwärmt wohl nur, wer ein sportlicher Extremist ist. „Der Sport ist nun mal das Wichtigste für uns. Nur wenn wir hier erfolgreich sind, läuft es auch in der Beziehung."

D — Ein Star im Süden

Die Rostockerin verteidigte in diesem Jahr ohne eine einzige Niederlage ihren Weltcuptitel. Schon beim Saisonstart in Südamerika gewann sie vier Rennen in vier Wochen. In Südamerika ist Langstreckenschwimmen Volkssport. Hunderttausend Zuschauer stehen bei den Rennen am Ufer. Hunderte Boote begleiten die Schwimmer, und bunt verkleidete Menschen spielen auf selbst gebauten Instrumenten – Karneval auf dem Fluss. Nach den Siegerehrungen wird Peggy Büchse – hier ist sie im Gegensatz zu Deutschland ein Star – unter Polizeischutz durch die Zuschauermassen geführt.

E — Niemals aufgeben

Einmal kam es zu einer ungewohnten Niederlage. Ihr Begleitboot hatte einen Defekt. So konnte sie ihren 20-minütigen Trinkrhythmus nicht einhalten und kapitulierte entkräftet bei Kilometer 19. „Ich wollte die Saison beenden, nicht mehr weitermachen." Trainer und Eltern redeten auf sie ein. Mit Erfolg: Sie machte weiter und gewann alle folgenden Wettkämpfe.

15. Stehen diese Informationen im Text? Geben Sie bei „ja" auch die Textstelle an.

	nein	ja, in Zeile
a) Thomas und Peggy treffen sich nur ab und zu zwischen ihren sportlichen Terminen.		13-15/25
b) Die Beziehung zwischen Thomas und Peggy ist dann besonders gut, wenn sie zusammen trainieren können.		30
c) Beim gemeinsamen Schwimmtraining ist Peggy schneller als Thomas. 35 X		
d) In Deutschland ist Langstreckenschwimmen ein Sport, der von vielen Menschen ausgeübt wird. *exerted*		
e) Peggy und Thomas leben relativ weit entfernt voneinander. *distant*		X 17-18

16. Was bedeuten die folgenden Ausdrücke? Ordnen Sie zu.

1 Sie *findet ihre Erfüllung*, wenn sie in Flüssen d schwimmt.

2 Wenn wir erfolgreich sind, *läuft* es auch e in der Beziehung.

3 Die beiden führen eine extreme *Beziehung.* relation a

4 Peggy war ein *wohlbehütetes* Kind. f

5 Meine Eltern *halten* mir *den Rücken frei.* c

6 Thomas *zieht* beim Schwimmen *den Kürzeren.* b

7 Peggy war von Thomas sofort *hingerissen.* arraptured g

2 a) Partnerschaft ships
   b) verliert loses
5 c) Ich muss mich um nichts kümmern.
1 d) Das Schönste ist es für sie, …
   e) geht … gut
4 f) beschützt - protect
   g) begeistert - oft enthusiastic

17. Ergänzen Sie die passende Präposition.

a) Thomas und Peggy kennen sich __Seit__ zwei Jahren.

b) Sie haben sich __bei__ einem Training in Italien kennen gelernt.

c) Peggy besuchte __während__ ihrer Schwimmerkarriere eine Jugend- sportschule.

d) __während__ der Wettkampfsaison sehen sich die beiden nur sehr selten.

e) Peggy will __beim__ Schwimmen immer schneller sein als Thomas.

f) __Nach__ einer schweren Niederlage gewann Peggy alle Wettkämpfe. *defeat*

g) In Südamerika sind __beim__ Langstreckenschwimmen Hunderttausende am Ufer. Shuttbach

h) Die beiden Sportler können nur __während__ der Wettkampfpausen gemeinsam trainieren. während (in den) Pl.

7. HELP!

Präpositionen der Zeit   Themen aktuell 2, § 16   sometime

Vorher: vor   gleichzeitig: bei, während
bis jetzt: seit   nachher: nach, in

afterwards

18. Was ist Ihre Lieblingssportart?

Sprechen Sie darüber in der Klasse. Wie oft machen Sie sie? Was kostet sie? Welche Vorausset- zungen braucht man dafür? Wie alt muss man dafür sein? …

19. Sport? – Nein, danke!

Lesen Sie den Text.
Was erfahren Sie über die Person?

> Die Person ist ...
> ... hat ...
> Die Person ist nicht ...
> ... hat kein ...

§ 2b)

Sportlich, sportlich ...

Nein, ich bin kein sportlicher Mensch. Ich habe noch nie ein Fitness-Studio von innen gesehen, und ich habe auch nicht vor, irgendwann in meinem weiteren Leben eines zu besuchen. Ich habe keinen Jogginganzug, keine Joggingschuhe, ich fahre nicht Ski, spiele nicht Tennis und nicht Squash, und es macht mir noch nicht einmal Vergnügen zuzuschauen, wie andere Leute Sport treiben.

Okay, ich besitze ein Fahrrad – aber sportliche Erfolge kann man damit nicht erzielen: Es hat keinen Carbon-Leichtbaurahmen, keine Leichtlaufreifen und keine computerberechnete hydraulisch-mechanische Federung der Hinterachse. Und ich fahre damit nicht schnell, sondern nur zu meinem Vergnügen oder um beim Bäcker die Brötchen zu holen.

Ich weiß, ich bin nicht normal. Als ich dieses Fahrrad kaufte, fragte ich den Verkäufer nicht nach dem Gewicht des Rades, nicht nach der perfekten Form für meine ganz persönliche Körpergröße, nicht nach der Zahl der Gänge oder der besten Einstellung des Lenkers. Ich fragte nur nach dem Preis und machte klar, dass ich das billigste Rad haben wollte – aber mit einem bequemen Sattel. Der Verkäufer trat einen halben Schritt zurück, und sein Blick wanderte kurz zum Notrufnummern-Aufkleber auf seinem Telefon ...

Wenn ich abends bei schönem Wetter eine Runde fahren will, dann hole ich keinen neongrünen, hautengen Fahrraddress aus kunstfaserdurchwirktem Spezialbaumwollstoff aus dem Schrank, sondern nur eine alte Jeans, deren Beine ich kurz über den Knien abgeschnitten habe; keine Spezial-Fahrradschuhe, sondern ein paar alte Turnschuhe; keine Fahrradbrille, keinen Fahrradhelm, keine Leichtmetallflasche mit Energie-Drink ...

Auf der Straße fahre ich dann fröhlich dahin, genieße die Wiesen und Wälder, die an mir vorbeigleiten, und lasse die sportlichen Opas und die muskelbepackten Jungväter in Pink und Sattblau an mir vorbeifahren, Nase auf dem Lenker, Rücken gebeugt, den Blick fest auf Straße und Tachometer gerichtet. Lass sie fahren, lass sie strampeln ... Nein, ich bin kein sportlicher Mensch.

Mich interessiert weder ein sportlicher Mantel noch eine sportliche Frisur, ich brauche keine sportliche Armbanduhr, und mein Auto muss überhaupt nicht sportlich sein. Sportlich? Sportlich bedeutete einmal so viel wie „fair", „rücksichtsvoll". Aber das ist wohl nicht gemeint, wenn zum Beispiel jemand sagt, dass er (oder sie) gerne sportlich Auto fährt – eventuell eher das Gegenteil ...

Ich mag es entspannt und gemütlich. Ich muss nicht unbedingt gewinnen, von mir aus können die anderen schneller sein, höher springen, länger durchhalten ... Mir kann das ganze sportliche Getue, ehrlich gesagt, ganz einfach gestohlen bleiben.

20. Was finden Sie besser: Sport treiben oder nicht?

Sammeln Sie Argumente und diskutieren Sie.

das Leben mehr genießen – seltener Zeit haben für ...
– gesund sein – zu viel Geld für ... ausgeben –
auf die Nerven gehen – meistens bessere Laune haben –
die Krankenkassen stärker belasten – sich für besser
halten – nicht so gut feiern können – ...

> Ich finde es besser, Sport zu treiben, denn so lebt man gesünder.

> Unsportliche Typen sind meistens viel gemütlicher als sportliche.

21. Was würden Sie tun, wenn Sie nicht zur Arbeit gehen müssten?

Berichten Sie kurz, welche Beschäftigung oder welches Hobby Sie sich aussuchen würden, und verwenden Sie die Ausdrücke.

> Also, ich würde …
> Wenn ich nicht arbeiten müsste, dann würde ich …
> Wenn ich viel Zeit hätte, würde ich …
> Am liebsten würde ich …
> Vor allem würde mir … gefallen.

22. Hören Sie, was sich Rentner in Deutschland ausgedacht haben, um sich im Ruhestand die Zeit zu vertreiben.

(handwritten: retired person · spend time)

1/12-15

A   Lesen Sie zuerst die Aussagen zu den Texten 1 bis 4.

Text 1: Wenn Herr Klees kaputte Lampen entdeckt, wird er extra belohnt. *(handwritten: discover · reward)*

Text 2: Im Flugzeug findet Herr Schrock immer die neuesten Magazine.

Text 3: Herr Mair spart Geld, weil er sein Flugzeug selber baut.

Text 4: Herr Biedenkopf hat 40 Jahre lang bei der Deutschen Bahn gearbeitet.

Richtig   Falsch

(Text 1: Richtig marked)
(Text 2: Falsch marked — handwritten: In der Strassenbahn)
(Text 3: Richtig marked)

B   Hören Sie jetzt, was die Rentner sagen.

Vergleichen Sie das, was Sie hören, mit den vier Aussagen in Teil A. Bei jeder Aussage sollen Sie feststellen: Habe ich das im Text gehört oder nicht? Wenn ja, markieren Sie beim Hören oder danach *Richtig*. Wenn nein, markieren Sie *Falsch*.

23. Hören Sie die Texte noch einmal. Arbeiten Sie zu zweit.

A   Ergänzen Sie die Tabelle.

	Hobby	Tätigkeit	interessant
Herr Klees	Lampenjäger	sucht nachts defekte Straßenlampen	Preis für den erfolgreichsten Lampenjäger
Herr Schrock			
Herr Mair			
Herr Biedenkopf			

B   Wählen Sie eine Person aus und beschreiben Sie die Person anhand Ihrer Notizen. Sie können die folgenden Satzanfänge dazu verwenden.

Herr X ist/macht …   Er möchte/will …
Angefangen hat er …   Für die Arbeit bekommt er …
Dazu muss er …   Er findet, dass …

In diesem Prüfungsteil sollen Sie mehrere kurze Texte zehn Situationen zuordnen.

Arbeitszeit: etwa 15 Minuten

Lesen und Lösen

Von der Situation zum Text Lesen Sie zuerst die zehn Situationen und unterstreichen Sie in jeder Situation die Hauptinformationen. Beginnen Sie jetzt wieder bei der ersten Situation. Überfliegen Sie die Anzeigen (lesen Sie nur das Großgedruckte) und kreuzen Sie mit Bleistift die Anzeigen an, die zu dieser Situation passen könnten.

Lesen Sie am Schluss die Anzeigen genauer, die noch nicht zugeordnet sind.

Beispiel: Sie suchen eine Möglichkeit, Sport zu treiben, haben aber erst abends Zeit.

Neueröffnung in Neuhausen
Fitness-Center FIT PRO
Sauna, Dampfbad, Solarium
individuelle Trainingsprogramme
über 50 Trainingsmaschinen
Bistro mit Fitnessbar

täglich geöffnet bis 22 Uhr
Johannes-Kraut-Str. 27
Tel. 73 45 54

A

TSV Brandenburg
Radfahren am Wochenende
Die nächsten Touren:
6. 5. Potsdam ✳ 20. 5. Entlang der
Havel ✳ 12. 6. Durchs Havelland
Treffpunkt: 9.00 Uhr beim
Vereinsheim

B

Sportgeräte Müller
...wo Preis und Leistung stimmen
Große Auswahl an Hometrainern und
Fitnessgeräten. Individuelle Trainings-
beratung. Maierbacher Straße 21
(Nähe Optik Schuster)

C

Lesen Sie zuerst die 10 Situationen (1–10) und dann die 12 Anzeigen (A–L). Welche Anzeige passt zu welcher Situation? Sie können jede Anzeige nur einmal verwenden. (Die Anzeige aus dem Beispiel können Sie noch einmal verwenden.)
Es ist auch möglich, dass es keine passende Anzeige gibt. In diesem Fall schreiben Sie „0".

Beispiel: Sie wollen nicht immer ins Fitness-Studio gehen
und lieber zu Hause Sport machen.

Lösung:
Anzeige *E*

Situationen:

Anzeige:

1. Sie haben früher Fußball gespielt und möchten wieder damit anfangen. F

2. Als Surferin suchen Sie ein preiswertes Sportgerät. Surfbrett L

3. Sie haben Spaß an Ballspielen und wollen immer am Wochenende ein wenig Sport machen. G

4. Ihr Arzt hat Ihnen mehr Bewegung empfohlen. Sie suchen nach *activity* einer sportlichen Betätigung ohne großen Aufwand. *effort* H

5. Sie lieben die Berge, das Wandern und das Klettern. B

6. Sie haben kleine Kinder und möchten, dass sie schwimmen lernen. O

7. Ihre alte Skihose passt nicht mehr. J

8. Sie überlegen sich, wo Sie in nächster Zeit einmal ein richtiges Erholungs-Wochenende machen wollen.  K

9. Sie freuen sich schon das ganze Jahr auf den ersten Schnee. A

10. Sie suchen eine Gruppe zum gemeinsamen Joggen. D

Die Saison hat begonnen!

Auf geht's ins Stadelfeld

Schneespaß pur! ✳ Funpark! ✳ Halfpipe! ✳
Zwergerl-Skischule! ✳ Alle Lifte in Betrieb ✳
Skiregion Stadelfeld nur eine Autostunde von
München ✳ A9 Niedernau

A

Ich bin neu ...

... in der Stadt und suche nette Leute zwischen 20
und 30, mit denen ich ab und zu größere
Bergtouren machen kann. Kletterausrüstung ist
vorhanden.
Maike, Tel. 963 748

B

Suche

Partnerin zum regelmäßigen Tennisspielen
(zw. 30 und 40 Jahren),
Michaela, Tel. 438 150 (abends)

C

Ismaninger Lauftreff

Treffpunkt: jeden Mittwoch um 17.30 Uhr am
S-Bahn-Kiosk. Jeder kann mitmachen: Wir laufen in
verschiedenen Leistungsgruppen. Kommt einfach
vorbei.

D

Verkaufe

Heim-Trainer

4 Sportgeräte in einem,
platzsparend zu verstauen.
VB 150,– EUR, Tel. 0172/452195 (Michi)

E

Freizeitkicker

suchen ständig neue Fußballer. Wenn ihr nicht
jünger als 30 Jahre seid und trotzdem noch
Spaß am Fußball (ohne Stress) habt, dann
kommt doch vorbei. Wir treffen uns jeden Don-
nerstag um 17 Uhr am Stadion an der Neusser
Straße.

F

Hallo, wir sind vier nette Leute und suchen noch jemanden, der oder die mit uns samstags Beach-Vol-
leyball spielen möchte. Ruf einfach an: 743 56 78

G

Fitness-Trainer
Richtig trainieren!
**Erfahrener Trainer zeigt euch, wie ihr's richtig
macht. Yogi, 56 839 39**

H

Inline-Skater aufgepasst!
Rolling Home

der Spezial-Ausrüster für Rollschuhe,
Inline-Skates und Zubehör, ständig neue
Modelle und Sonderangebote.
Garching, Waldstr. 64

I

Wandern – Trekking – Skifahren

Sportmoden Bauer

Die richtige Kleidung für Ihre
Outdoor-Aktivitäten
Seidelstraße 14, am Haushamer Platz
Kundenparkplätze

J

*Gönnen Sie sich ein Wellness-Wochenende
in den*

Schlafsee-Hotels

Wir stellen Ihnen Ihr individuelles
Wohlfühl-Programm zusammen.

• kompetente Betreuung
• ruhige Atmosphäre
• gesunde Ernährung

Ein Wochenende bei uns – Erholung wie
nach 14 Tagen Urlaub.

Schlafsee-Hotels

die Wohlfühl-Spezialisten
Infos unter 0862/47 58 58 oder in jedem
guten Reisebüro

K

Suche gut erhaltenes **Surfbrett**
für Anfänger, Telefon: 23 59 48
(ab 17 Uhr)

L

3. Jogging

Worum geht es wohl in dieser Folge?

Erfinden Sie mit Hilfe der folgenden Bilder eine Geschichte. Arbeiten Sie in kleinen Gruppen.

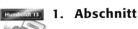

1. Abschnitt

Wer macht Witze?

Wer versucht zu helfen?

Wer ist unzufrieden?

2. Abschnitt

Was meinen Sie: Wie geht die Geschichte weiter?

3. Abschnitt

Hören Sie das Ende der Geschichte.
Welche Aussagen sind richtig, welche sind falsch?

	Richtig	Falsch
1. Pilze gehören zu Edwins Lieblingsspeisen.		
2. Karlheinz sieht Gemüse und Salat und beschließt spontan, seine Diät abzubrechen.		
3. Ursula hat ein vegetarisches Menü gekocht.		
4. Karlheinz feiert seinen sportlichen Erfolg mit ungesüßtem Früchtetee.		
5. Wegen Heinzis Diät entwickelt Edwin neue Geschäftsideen.		
6. Computerspiele und ungesundes Essen – das gehört für Heinzi zusammen.		
7. Ursula findet es toll, dass sie mit Edwin einen vegetarischen Abend verbringen kann.		

1. Beschreiben Sie Else Leitners Freitag.

Morgens um halb sieben steht sie auf.

Freitags geht sie groß einkaufen.

Wann?

morgens	montags
vormittags	mittwochs
nachmittags	freitags
abends	

2. Wie sieht Ihr Freitag aus

Ich stehe meistens | erst | um sieben Uhr | auf. Um … Uhr … Dann…
| schon | um Viertel vor sechs … |

3. Feste Termine

Erzählen Sie Ihrer Partnerin oder Ihrem Partner, was Sie an welchen Wochentagen regelmäßig tun: Arbeit, Essen, Sport, Besuche, Vergnügen …

Was machst du montags?

Montags gehe ich abends immer …

immer   meistens   oft   öfters   manchmal   selten   nie

TÄGLICHES LEBEN

In diesem Prüfungsteil lesen Sie einen persönlichen Brief mit Lücken. Zu jeder Lücke erhalten Sie drei Möglichkeiten zur Auswahl. Von diesen passen zwei entweder wegen ihres Inhalts oder aus Gründen der Grammatik nicht in die Lücke. Sie sollen die passende Möglichkeit ankreuzen.

Arbeitszeit: etwa 10 Minuten

Lesen und Lösen

Wenig Zeit!	Sie haben für diesen Prüfungsteil nur 10 Minuten Zeit, und Sie brauchen etwa zwei Minuten, um am Ende die Lösungen auf dem Lösungsbogen anzukreuzen!
Erstes Lesen	Lesen Sie den Brief erst einmal durch, ohne dabei die Auswahlmöglichkeiten anzusehen, und schreiben Sie die Wörter, bei denen Sie sich sicher fühlen, gleich mit Bleistift über die Lücken. Vergleichen Sie erst danach diese Lösungen mit den Auswahlmöglichkeiten. Radieren Sie Lösungen, die Sie *nicht* unter den Auswahlmöglichkeiten finden, wieder aus.
Unsichere Lösungen	Überlegen Sie beim zweiten Lesen, welche der Auswahlmöglichkeiten am besten in die Lücke passt. Schreiben Sie dieses Wort über die Lücke.
Lösungen ankreuzen	Kreuzen Sie erst jetzt bei den Auswahlantworten Ihre Lösungen an.

Lesen sie den folgenden Text und kreuzen Sie für jede Lücke das richtige Wort (A, B oder C) an. Markieren Sie dann Ihre Lösungen auf dem Antwortbogen.

Beispiel: (0) Dank noch einmal für das wunderbare Fest.   **Lösung:** A) viel
                                                                    B) viele
                                                                      C) vielen

Liebe Heidi,

(0) Dank noch einmal für das wunderbare Fest. Wir werden sicherlich noch lange

(1) diesen schönen Abend bei euch denken. Das Abendessen (2) wirklich ausgezeichnet. Ich bewundere immer, welche originellen Ideen (3) habt für so ein Festessen. (4) hatten wir mit der Heimfahrt keine Probleme. So (5) ein Uhr früh waren wir wieder zu Hause. Ich hoffe, wir sehen uns bald wieder. Es (6) schön, wenn ihr zu unserem Sommerfest kommen (7) . Wir haben im Moment noch (8) festen Termin. Aber (9) drei Wochen vorher geben wir euch Bescheid.

(10) Grüße

Michaela

1. A) an	5. A) für	9. A) erst
B) von	B) gegen	B) etwa
C) über	C) vor	C) etwas
2. A) ist	6. A) sei	10. A) Lieb
B) war	B) wäre	B) Liebe
C) würde	C) würde	C) Liebes
3. A) ihr	7. A) könnte	
B) wir	B) könnten	
C) sie	C) könntet	
4. A) Deshalb	8. A) kein	
B) Trotzdem	B) keine	
C) Übrigens	C) keinen	

4. Multi-Kulti

Humboldt 13
dritter Stock

Worum geht es wohl in dieser Folge?

- ▢ Um einen neuen Vitaminsaft?
- ▢ Um eine Kunstrichtung? *style & art*
- ▢ Um einen gefährlichen Schimmelpilz? _mold
- ▢ Um eine Einladung zum Essen?
- ▢ Um Farben und Formen?

Humboldt 13

10-12

1. Abschnitt

Achten Sie nur auf die Geräusche. Was hören Sie? Was passiert hier?

Wo sind die drei?

Was tun sie?

Was wollen sie tun?

2. Abschnitt

Welche Probleme haben die drei bei der Planung?

Zwei der Eingeladenen
Vegetarier
Eine Freundin
Moslems
Einer der Gäste
…

| … dürfen wegen ihrer Religion kein … |
| … ekeln sich vor … |
| … sind allergisch gegen … |
| … essen kein … |
| … haben Angst vor … |
| … sind gegen … |
| … vertragen kein … |
| … ist im Tierschutz aktiv. |

Schweinefleisch
Huhn
Fisch
Milchprodukte
Rindfleisch
…

Es kommen auch Vegetarier. Die …

Eine Freundin hat eine Allergie.

3. Abschnitt

A Wo findet das Essen statt? Woran erkennen Sie das?

der Biergarten   das Café   die Gaststätte   die Weinstube die Kneipe   das Restaurant   der Schnellimbiss

B Was wird gerade serviert?

die Vorspeise   das Hauptgericht   die Nachspeise

der Bauer   auf dem Bauerhof   das Werkzeug

Brief träger

Mped

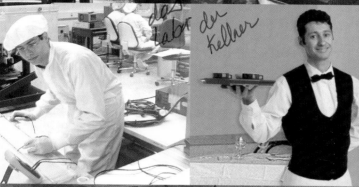

das Labor   der Kellner

der Sänger

die Bühne   Orchester

1. Welche Berufe sind hier abgebildet?
Sammeln Sie die Berufsbezeichnungen.

2. Was machen die einzelnen Personen?

oben	links
in der Mitte	rechts
unten	in der Mitte
ganz in der Mitte	

Metall bearbeiten (2)   technische Geräte entwickeln *(white)*

Autos reparieren   die Post austragen   Gäste bedienen *serve*

Patienten behandeln   singen   aufs Feld fahren

meat

AUSBILDUNG UND BERUF

3. Welche Berufe kennen Sie?

A   Sammeln Sie in der Klasse.

B   Sehen Sie sich die Statistik „Häufige Lehrberufe" an und schreiben Sie die Berufe zu den Tätigkeiten (mehrere sind möglich).

a) _____   in einem Büro arbeiten, Briefe schreiben
b) _____   Wasserleitungen installieren und reparieren
c) _____   Haare schneiden und frisieren
d) _____   Waren einkaufen und verkaufen
e) _____   in einer Arztpraxis arbeiten
f) _____   in einer Zahnarztpraxis arbeiten
g) _____   Farbe in eine Wohnung bringen

Berufswünsche der jungen Leute (in %)

Mädchen		Jungen
22	Elektronik, Computer	48
76	Soziale Berufe	35
4	Holz- und Metallverarbeitung	28
4	Kfz-Berufe	23
23	Medien	19
9	Wissenschaft und Forschung	18
26	Fremdsprachen, Reisen	15
15	Natur und Umweltschutz	14
16	Kultur	11

Häufige Lehrberufe (von 1000 Auszubildenden)

Mädchen		Jungen
2	Kfz-Mechaniker/in	77
3	Installateur/in	85
4	Kauffrau/Kaufmann	57
141	Hotelfachfrau	0
23	Arzthelferin	0
34	Friseur/in	2
1	Maler/in	43

Wunsch ist nicht immer Wirklichkeit

Bei den Berufswünschen der jungen Leute entspricht das persönliche Interesse selten der Realität der Berufswelt. Obwohl fast die Hälfte aller Jungen angibt, sich für Elektronik und Computer zu interessieren, tauchen solche Ausbildungsberufe in der Statistik der häufigsten Lehrberufe noch gar nicht auf. Spitzenreiter bei den Mädchen sind die Sozial-berufe. Trotzdem macht die Mehrheit eine Ausbildung im kaufmännischen Bereich. Und bis heute hat sich nicht geändert, dass Mädchen in technischen Berufen wie Kfz-Mechaniker praktisch nicht zu finden sind, obwohl diese Berufe schon seit Jahren nicht mehr automatisch für die Jungen reserviert sind.

4. Vergleichen Sie nun die beiden Statistiken.

§ 33d)

Welche Widersprüche zwischen Berufswunsch und Realität fallen Ihnen noch auf? Arbeiten Sie in Gruppen und schreiben Sie ihre Lösungen auf. Verwenden Sie dazu *obwohl* und *trotzdem*.

„obwohl" und „trotzdem"

Obwohl viele junge Leute mit Computern arbeiten *wollen*, können es die wenigsten machen.

Die meisten Mädchen wünschen sich eine Tätigkeit im sozialen Bereich.
Trotzdem wählen die meisten eine Bürotätigkeit.
Die meisten *wählen trotzdem* eine Bürotätigkeit.

5. Gibt es in Ihrem Heimatland eine Berufsberatung? *jch Counseling*

Berichten Sie in der Klasse.

6. Hören Sie das Gespräch mit einem Berufsberater.

A Welche Aussage trifft zu?

Anja Kaufmann …

☐ sucht eine Stelle als Fremdsprachenkorrespondentin.

☐ möchte sich über Ausbildungsmöglichkeiten informieren.

☐ möchte sich über ein Informatikstudium informieren.

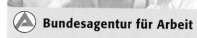

Bundesagentur für Arbeit

Stichwort: Berufsberatung

Wenn man sich in Deutschland über verschiedene Berufe und Ausbildungsmöglichkeiten informieren möchte, kann man sich an die Agentur für Arbeit wenden. Die gibt es in allen Städten. Die Agentur für Arbeit ist eine staatliche Einrichtung und ist zuständig für Arbeitslose und Berufssuchende. Daneben gibt es noch private Arbeitsvermittlungen.

1/19

berichtigen

B Hören Sie das Gespräch noch einmal.

Dazu sollen Sie 7 Aufgaben lösen. Bei jeder Aufgabe sollen Sie feststellen: Habe ich das im Text gehört oder nicht? Wenn ja, markieren Sie beim Hören oder danach *Richtig*. Wenn nein, markieren Sie *Falsch*.

		Richtig	Falsch
1.	Frau Kaufmann hatte einen Termin vereinbart. *agreed* *unsicher*		
2.	Sie hat das Gymnasium besucht. *Kleinhotel praktikum*	☒	
3.	Sie ist als Au-pair-Mädchen nach England gegangen.		☒
4.	Sie hat schon konkrete Vorstellungen, was sie beruflich machen will. *idea*		☒
5.	Sie hat in der Schule gern Sprachen gelernt. *Ergi Fran*	☒	
6.	Der Berufsberater meint, dass man bei Computerberufen gute Chancen hat.	☒	
7.	Die beiden vereinbaren einen neuen Termin.		☒

Bleiben ihre RG

7. Machen Sie selbst Beratungsgespräche.

Arbeiten Sie zu zweit: A ist Berufsberater, *B sucht Informationen über einen außergewöhnlichen Beruf* (z. B. Geheimagent, Top-Model, …).

Begrüßung

Kann ich Ihnen helfen?
Ja, bitte, ich …

Wünsche

Was haben Sie für Vorstellungen?
Ich würde gern …

Wichtigkeit

Wie wichtig ist Ihnen das?

Das ist schon wichtig.
Es kommt darauf an, ob …
Am wichtigsten ist mir …
Die Hauptsache ist, dass …

Rat, Empfehlung

Was können Sie mir empfehlen?
Was würden Sie mir raten?
Darf ich etwas vorschlagen?

Ich würde vorschlagen, | dass …
                       | … zu

Machen Sie doch …
Davon kann ich nur abraten.
Es ist besser, wenn …
Ich rate Ihnen …

Spielen Sie nun Ihre Beratungsgespräche in der Klasse.

Großunternehmer - whole sale business

8. „Junior" bedeutet „jünger; der/die Jüngere".

Markieren Sie im Text alle Wörter, die etwas mit jüngeren Menschen zu tun haben.

Lehrlinge als Unternehmer

Mancher Lehrling hat Glück und landet gleich auf dem Chefsessel. Zum Beispiel bei den Hamburger Elektrizitätswerken.

Dort gibt es die Junior-Firma „Himmel Erde Wasser".

„Himmel Erde Wasser" ist organisiert wie ein richtiges Großunternehmen – mit acht Abteilungen vom Einkauf über die Produktion bis hin zur Öffentlichkeitsarbeit. Doch anders als ihre großen Vorbilder leisten sich die Jungmanager eine andere Geschäftsphilosophie: Sie setzen auf Ökologie. Dazu Arnd Kisselbach, kaufmännischer Leiter: „Wir wollen eine Marktnische erobern."

Das ist tatsächlich trotz gelegentlicher Misserfolge gelungen. Mit ökologischen Produkten machten die Lehrlinge von „Himmel Erde Wasser" im letzten Geschäftsjahr einen Gewinn von 16.000 Euro.

Die Idee ist nicht neu: Schon vor 200 Jahren entstanden die ersten selbst verwalteten Jugend-Manufakturen. Die Idee dabei war: Man lernt am besten, wenn man eigene Verantwortung hat. Und es zeigte sich, dass die Learning-by-doing-Methode nicht nur die Ausbildung verbessert, sondern auch finanzielle Gewinne verspricht.

Heute haben 35 Großunternehmen kleine Firmen, die sie von Auszubildenden leiten lassen. Beim Volkswagenwerk nimmt die Lehrlings-Firma sogar Fremdaufträge an; andere Firmen lassen dort z. B. Sektverschlüsse und Schachspiele herstellen. Anders als in Managerseminaren, wo die Seminarleitung ihre Seminarteilnehmer nur spielen lässt, wie sie Firmen gründen und leiten würden, tragen die Jungmanager echte Verantwortung dafür, dass ihr Unternehmen wirtschaftlich arbeitet.

Dazu ist mehr nötig als eine gute Geschäftsidee. Die jungen Leute müssen schnell lernen, selbst Entscheidungen zu treffen und im Team zu arbeiten. Aber Vorsicht: Junior-Firmen sind kein Kinderspiel. Michael Wegener, kaufmännischer Vorstand bei „Himmel Erde Wasser": „Wir haben zwar jede Menge Spaß bei der Arbeit, aber auch jede Menge Probleme. Mal fühlte sich keiner zuständig, mal bekam man Aufträge nicht, weil der Mut zu schnellen Entscheidungen fehlte."

Wegener und sein Vorstandskollege Kisselbach wünschen sich deshalb mehr Hierarchie: „Zur Zeit lassen wir alle Mitarbeiter über alles demokratisch entscheiden, aber das klappt nicht so recht. Wenn es richtig laufen soll, muss wohl schon mal einer den Chef spielen – auch wenn es schwerfällt."

Auch das Institut der Deutschen Wirtschaft sucht nach jugendlichen Unternehmertalenten und fördert Firmen, die in Schulen eingerichtet und von Schülern betrieben werden. Etwa 400 Schüler wagten bislang in 32 eigenen Unternehmen den Sprung in die freie Marktwirtschaft. Sie produzieren Uhren oder Badeöl, managen PC-Kurse oder Feste.

Das Geschäftskapital beschaffen sich die Schüler durch den Verkauf von 15-Mark-Anteilscheinen. Meist werden 60 bis 90 „Aktien" verkauft. Am Ende des Schuljahres werden die Firmen aufgelöst, das Geld wird an die Aktienbesitzer zurückgezahlt. Es scheint sich zu lohnen: Manche Junior-Firmen konnten ihren Teilhabern Renditen von mehr als 200 Prozent zahlen. Pleiten gab es noch nicht.

16. Teilnehmerstatistik der Volkshochschule

A. Sehen Sie sich die nebenstehende Statistik an. Zu welchen Punkten kann man daraus Informationen herauslesen?

> *Wer?* Mehr Frauen … / Mehr Männer …
>   Junge Erwachsene … / Ältere Leute …
> *Was?* Besonders beliebt …
>   Die größte Auswahl gibt es bei …
> *Wie teuer?* Die Kursgebühr ist wichtig
>   für …
>   Die teuersten Kurse …
> *Wann?* Die beste Tageszeit …
>   An Samstagen …
> *Wo?* Die Kurse finden in … oder in … statt.

B. Suchen Sie drei bis vier Informationen aus der Tabelle. Machen Sie sich zuerst Notizen. Sagen Sie dann im Kurs, welche Informationen Sie in der Tabelle gefunden haben. Versuchen Sie dabei, auch etwas Falsches zu sagen, und schauen Sie, ob jemand im Kurs den Fehler bemerkt.

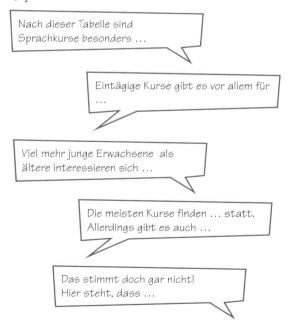

> Nach dieser Tabelle sind Sprachkurse besonders …

> Eintägige Kurse gibt es vor allem für …

> Viel mehr junge Erwachsene als ältere interessieren sich …

> Die meisten Kurse finden … statt. Allerdings gibt es auch …

> Das stimmt doch gar nicht! Hier steht, dass …

C. Notieren Sie, was die anderen Kursteilnehmer sagen. Versuchen Sie für Ihre Notizen eine Ordnung zu finden, z. B. Aussagen über die Dauer der Kurse, den Preis der Kurse, …

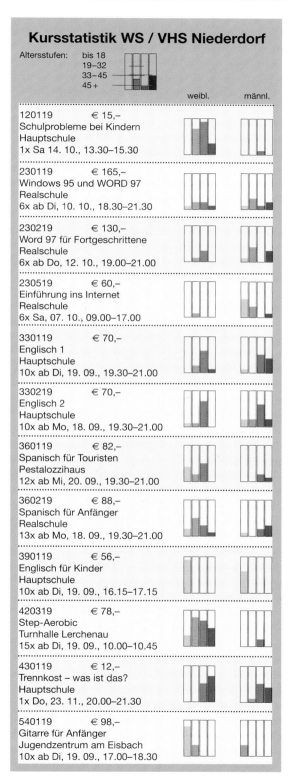

Kursstatistik WS / VHS Niederdorf

Altersstufen: bis 18 / 19–32 / 33–45 / 45 +

weibl.   männl.

120119   € 15,–
Schulprobleme bei Kindern
Hauptschule
1x Sa 14. 10., 13.30–15.30

230119   € 165,–
Windows 95 und WORD 97
Realschule
6x ab Di, 10. 10., 18.30–21.30

230219   € 130,–
Word 97 für Fortgeschrittene
Realschule
6x ab Do, 12. 10., 19.00–21.00

230519   € 60,–
Einführung ins Internet
Realschule
6x Sa, 07. 10., 09.00–17.00

330119   € 70,–
Englisch 1
Hauptschule
10x ab Di, 19. 09., 19.30–21.00

330219   € 70,–
Englisch 2
Hauptschule
10x ab Mo, 18. 09., 19.30–21.00

360119   € 82,–
Spanisch für Touristen
Pestalozzihaus
12x ab Mi, 20. 09., 19.30–21.00

360219   € 88,–
Spanisch für Anfänger
Realschule
13x ab Mo, 18. 09., 19.30–21.00

390119   € 56,–
Englisch für Kinder
Hauptschule
10x ab Di, 19. 09., 16.15–17.15

420319   € 78,–
Step-Aerobic
Turnhalle Lerchenau
15x ab Di, 19. 09., 10.00–10.45

430119   € 12,–
Trennkost – was ist das?
Hauptschule
1x Do, 23. 11., 20.00–21.30

540119   € 98,–
Gitarre für Anfänger
Jugendzentrum am Eisbach
10x ab Di, 19. 09., 17.00–18.30

17. Sprechen Sie über die Tabelle.

1. Worum geht es?

> Die Tabelle zeigt, wie viele Sprachkurse …
> In der Tabelle sind … zusammengestellt.
> Bei dieser Tabelle geht es um … — *it's about*

2. Welches ist die Hauptinformation?

> Englisch ist …
> Die wichtigste Sprache ist …, danach …
> Man sieht, dass Deutsch als Fremdsprache …
>
> Es gibt zwar etwa viermal so viele Englisch-
> kurse wie Deutschkurse, aber dafür …

3. Gibt es eine überraschende Information?

> Ich hätte nicht erwartet, | dass …
> Ich finde es ziemlich überraschend, |
>
> Dass mehr Französisch als …, hätte ich nicht …

4. Welche Gründe könnte es dafür geben?

> Vielleicht liegt es daran, | dass …
> Ein Grund dafür könnte sein, |

Vochs Volkshochschule

VHS-Sprachkursstatistik

- Unterrichtsstunden gesamt
- Kurse gesamt

| 1.815.900 Englisch |
| 63.637 |
| 1.250.510 Deutsch als Fremdsprache |
| 15.593 |
| 563.780 Französisch |
| 21.162 |
| 539.730 Spanisch |
| 19.457 |
| 494.110 Italienisch |
| 18.147 |

Machen Sie zuerst Notizen darüber, was Sie sagen wollen und wie Sie die Sätze verbinden wollen. Benutzen Sie, wenn es passt, einige dieser Ausdrücke:

> Allerdings …
> Dafür …
> Interessant finde ich …
> … zwar …, aber …

18. Überfliegen Sie das Programm der „Verrückten Volkshochschule" auf Seite 75.

Welches Bild passt zu welchem Kurs?

A

B

C

D

E

Die Verrückte Volkshochschule

Fachbereich: Verschiedenes

7098 Grundkurs Fliegen

Hans A. Sägebrecht
ab Mo, 20. März
5 x 18.30–20.00 Uhr
74,00 Euro
Flugplatz, Hangar 2a

Frei sein! Einfach fliegen! Ohne Flugzeug, ohne jedes Hilfsmittel! Auch Sie können es lernen. Mit der Methode Sägebrecht-Wallner geht ein Menschheitstraum in Erfüllung. Die besondere Kombination von Konzentrationsübungen und Körpertraining macht Sie fit für den Flug. Wir beginnen ganz langsam mit gesichertem Schweben über weichen Matten. Am Ende des Kurses drehen Sie dann schon flotte Runden durch den Hangar. Heben Sie mit uns ab!

7099 Aufbaukurs Fliegen

Dipl.-Ing. Georg Wallner (†)
Dieser Kurs muss leider ausfallen.

7100 Henkersmahlzeit

Rotraut Schellenberg
ab Mo, 13. März
12 x 19.30–22.00 Uhr
140,00 Euro + Lebensmittelkosten 98,00 Euro (ohne Getränke)
VHS-Pavillon, Herbstweg 12, Küche

Auch in diesem Semester wollen wir wieder letzte Mahlzeiten von zwölf berühmten

Todeskandidaten nachkochen. Wir beginnen diesmal mit Marie Antoinette und Ludwig XVI. Beim Kochen und Essen werden wir über Leben und Tod der jeweiligen Delinquenten sprechen und Musik aus ihrer Epoche hören. Lassen Sie sich vom besonderen Flair unserer Zusammenkünfte bezaubern!

7102 Effektvoll schummeln beim Schach – Neue Tricks für Falschspieler

Dr. Peter Gerngroß
Sa, 11. März
12.00–16.00 Uhr
112,00 Euro
Bitte bringen Sie Ihr Brett und Ihre Figuren mit!
Max. 12 Teilnehmer
VHS, Herbstweg 12, Mehrzweckraum im 1. Stock

Für den Falschspieler war Schach bislang kein dankbares Gebiet. Dr. Peter Gerngroß, der Autor des Bestsellers „Immer gewinnen", hat in den vergangenen Jahren Pionierarbeit geleistet und gibt seine Erkenntnisse nun an eine begrenzte Anzahl von Interessierten weiter. Kommen Sie und staunen Sie! Sie werden verblüfft sein, wie leicht man selbst Großmeister schlagen kann. Mit den erlernten Tricks und Kniffen können Sie die Kursgebühr schnell wieder einspielen.

7104 Englisch für Pantomimen

Joan Battleworth-Schnippjohann
Mi, 21. Juni
10.30–12.00 Uhr
24,00 Euro
Keine Beschränkung der Teilnehmerzahl!
VHS-Pavillon, Herbstweg 12

„Say it in English!" So lautet heute eine der Herausforderungen im Berufsleben. Für die meisten Berufe gibt es bereits ein großes Angebot an speziellen Kursen. Mit „Englisch für Pantomimen" wendet sich Frau Battleworth-Schnippjohann nun erstmals einer bisher vernachlässigten Berufsgruppe zu.

7105 Small Talk für Vierbeiner

Meginhard Ruckdäschl
ab Mo, 28. Februar
3 x 11.00–11.20 Uhr
12,00 Euro
Max. 8 Teilnehmer!
VHS-Pavillon, Herbstweg 12

Stress! Auch unter unseren vierbeinigen Freunden macht er sich immer stärker bemerkbar. Alles muss schnell gehen, da bleibt kaum Zeit, freundlich mit dem Schwanz zu wedeln. Viele Hunde haben die Fähigkeit zu einer netten, harmlosen Kommunikation bereits verloren. Ist dann plötzlich mal Zeit für einen Meinungsaustausch, fällt ihnen kein Thema ein. Wir wollen in der Gruppe herausfinden, wie man das Eis brechen und eine angenehme, offene Atmosphäre aufbauen kann.

19. Briefe an die „Verrückte Volkshochschule".

In welchen Kursen waren die Leute?

a) Kurs Nr.

dass Ihr Kurs leider gar nicht zu einer Verbesserung meiner Kommunikationsfähigkeit geführt hat. Im Gegenteil: Ich stoße überall auf Ablehnung und Unverständnis. Das em

b) Kurs Nr.

hätte nie gedacht, dass es eine so elegante Lösung gibt, den Stau auf der Autobahn zu vermeiden und ohne Stress jeden Tag pünktlich zur Arbeit zu kommen. Für den nächsten Kurs haben sich schon vier Arbeitskollegen von mir angemel-

c) Kurs Nr.

mit dem Ergebnis, dass man mich ausgelacht hat. Von einem finanziellen Erfolg kann nicht die Rede sein. Ich fordere hiermit die Kursgebühr zurück! Wenn sie nicht in-

d) Kurs Nr.

hat unser Leben völlig verändert. Unsere gemeinsamen Ausflüge sind jetzt leicht und angenehm. Und Rolf wirkt, als sei eine schwere Last von ihm genommen. Vielen Dank!

e) Kurs Nr.

war ich doch sehr überrascht, dass nicht ein einziges vegetarisches Gericht dabei war. Gerade an der Schwelle vom Leben zum Tod hätte ich etwas mehr Mitgefühl für die Tiere erwartet. Ich hoffe je-

**20. Hören Sie nun Gespräche am „Info-Telefon"
der „Verrückten Volkshochschule" und
beantworten Sie die folgenden Fragen.**

a) Welches Problem hat Herr Werner?
b) Welcher Kurs wird ihm empfohlen?
c) Was wünscht die zweite Anruferin?
d) Welcher Kurs wird ihr empfohlen?
e) Möchte sie den Kurs machen? Warum (nicht)?

21. Spielen Sie nun zu zweit selbst solche Informationsgespräche.

Info-Telefon der Volkshochschule   *Anrufer*

Gruß → Gruß

Bitte um Rat

Information zu Kursinhalt ←

→ Frage nach Ort und Zeit (Tag, Uhrzeit)

Information zu Ort und Zeit ←

→ Frage nach Preis

Information zu Preis ←

→ Frage nach Teilnahmebedingungen und
Voraussetzungen   *condition of participating.*

Information zu Teilnahmebedingungen und Voraussetzungen ←

→ Dank, Gruß

22. Melden Sie sich nun mit folgendem Formular für einen der Kurse an.

§ 2b)

Anmeldung

Name: _Marlene_   Vorname: _Nice_
Wohnort: _Wien_   Straße: _Willi Forst Weg 6_
Tel./priv.: _555-1212_   Tel./berufl.: _555-1313_

binding   belowmentioned   course/event
Ich melde mich hiermit verbindlich für die unten angegebene Veranstaltung an. Die Teilnahmebedingungen der
Volkshochschule erkenne ich an. *anerkennen - akzeptieren*

Achtung: Eine Bestätigung Ihrer Anmeldung seitens der VHS erfolgt nicht.
Bitte notieren Sie sich jetzt schon den Beginn und den Ort der Veranstaltung in Ihrem Kalender.

Kurs Nr.: _7098_   Gebühr: _fee_

Abbuchungsermächtigung *the V to take the $$ one time*
Hiermit ermächtige ich die „Verrückte VHS" zur einmaligen Abbuchung der Gebühr für die genannte Veranstaltung.
Bank: _—_   BLZ: _Bankleitzahl - Branch # of bank_
Konto-Nr.: _—_   Kontoinhaber: _name of acct holder_
Datum: _—_   Unterschrift: _____

20. Welcher „Typ" ist Ihnen im Privat- oder Berufsleben schon begegnet?

> § 33e)

Was geht Ihnen am meisten auf die Nerven?

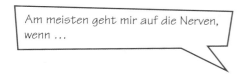

Am meisten geht mir auf die Nerven, wenn …

Ich finde es | furchtbar, | wenn …
unangenehm,

21. Verbinden Sie die folgenden Sätze.

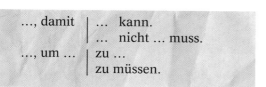

…, damit | … kann.
| … nicht … muss.
…, um … | zu …
| zu müssen.

Absicht: um … zu / damit   Themen aktuell 2, § 31

Das alles tue ich, damit ich dich verstehe.
→ Das alles tue ich, um dich zu verstehen.

Das alles tue ich, damit du mich verstehst.

a) Wir sollen uns „klein" fühlen. Er will sich „groß" fühlen.
    Wir sollen uns „klein" fühlen, damit er sich „groß" fühlen kann.
b) Er legt sich mit jedem an. Er will seine eigene Unsicherheit verstecken.
c) Die andern sollen sich ärgern. Er kann dann sagen: „Du verstehst aber keinen Spaß!"
d) Er muss Witze reißen. Er will seine Aggression verstecken.
e) Wenn sich der Ober mit der Rechnung nähert, verschwindet der Geizkragen mal schnell auf
    die Toilette. Er will nicht selber zahlen.
f) Er macht honigsüße Komplimente. Wir sollen seine wahren Interessen nicht bemerken.

22. Rollenspiel: Berichten Sie Ihrem Kursnachbarn von einem Menschen, der Ihnen auf die Nerven geht. Der Kursnachbar gibt Ihnen Ratschläge und Tipps.

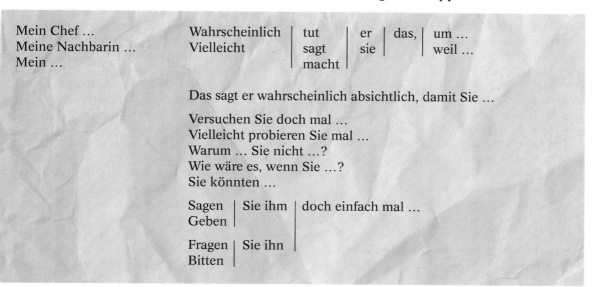

Mein Chef …   Wahrscheinlich | tut | er | das, | um …
Meine Nachbarin …   Vielleicht | sagt | sie | | weil …
Mein … | macht |

Das sagt er wahrscheinlich absichtlich, damit Sie …

Versuchen Sie doch mal …
Vielleicht probieren Sie mal …
Warum … Sie nicht …?
Wie wäre es, wenn Sie …?
Sie könnten …

Sagen | Sie ihm | doch einfach mal …
Geben |

Fragen | Sie ihn
Bitten |

Spielen Sie ähnliche Gespräche auch „per du".

23. Auch Plutonianer können nerven: ein Brief aus weiter Ferne.

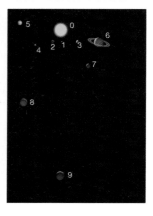

0 die Sonne ø 1,4 Mill. km

1 der Merkur ø 4.878 km

2 die Venus ø 12.102 km

3 die Erde ø 12.756 km

4 der Mars ø 6.794 km

5 der Jupiter ø 142.984 km

6 der Saturn ø 120.536 km

7 der Uranus ø 51.118 km

8 der Neptun ø 49.528 km

9 der Pluto ø 2.302 km

Liebe Hannelore,   Pluto, 14. Mai 2081

endlich sind wir an unserem neuen Wohnort angekommen. Die Fahrt hat doch ziemlich lange gedauert, besonders weil wir im *shade* <u>Schatten</u> des Jupiters eine *junction* — <u>Abzweigung</u> verpasst haben. Da hat Herbert kurz die Orientierung verloren, das hat uns ziemlich viel Zeit gekostet.

wonderful — Der Pluto ist ganz <u>entzückend</u>; ich fühle mich fast wie zu Hause. Und doch weiß ich nicht, ob ich wirklich für längere Zeit hier leben möchte. Daran ist aber nicht *fault* — der Planet <u>schuld</u>, sondern ein sehr *unpleasant* unangenehmer Plutonianer, der leider unser Nachbar ist. Dieser *guy* <u>Kerl</u> ist wirklich eine <u>Nervensäge</u> *m nerves*

A   Lesen Sie den Brief und lösen Sie dann die Aufgaben Nr. 1–3. Entscheiden Sie, welche Lösung (A, B oder C) richtig ist.

1   Der neue Wohnort der Briefschreiberin ist
A) auf der Erde.
B) auf dem Jupiter.
C) auf dem Pluto.

2   Herbert ist der Name
A) ihres Mannes.
B) eines Nachbarn.
C) eines Drachens. *dragon*

3   Sie möchte lieber nicht für längere Zeit dort bleiben, weil
A) es fast so ist wie zu Hause.
B) ihr Nachbar unsympathisch ist
C) sie im Schatten des Jupiters leben müssen.

B   Schreiben Sie den Brief zu zweit zu Ende. Gehen Sie dabei in folgenden Schritten vor:

Schritt 1: Sammeln Sie Ideen: Was wollen Sie über den Plutonianer berichten?
(Vielleicht bringt das Bild Sie auf ein paar Ideen.)

Schritt 2: Ordnen Sie Ihre Ideen und notieren Sie Stichpunkte.

Schritt 3: Formulieren Sie Sätze im Zusammenhang.

In diesem Prüfungsteil hören Sie ein Gespräch zwischen zwei Personen oder ein Interview. Sie hören den Text zweimal. Anschließend sollen Sie 10 Aufgaben dazu lösen.

Vor dem Hören

Aufgaben	Lesen Sie die Aufgaben schon vor dem ersten Hören. Markieren Sie mit Bleistift Lösungen, die Sie für wahrscheinlich halten. Sie haben dazu 1 Minute Zeit.

Hören und Lösen

Erste Orientierung	Beantworten Sie für sich selber die folgenden Fragen:

　1. Um was für eine Art von Text handelt es sich?
　2. Um welches Thema geht es?
　3. Wer sind die Gesprächspartner?

Werden Sie nicht nervös, wenn Sie beim ersten Hören etwas nicht verstehen. Warten Sie, bis Sie den Text ein zweites Mal hören.

Im Notfall: Raten	Wenn Sie eine Textstelle immer noch nicht verstehen, lassen Sie die Aufgabe aus. Sonst haben Sie für die folgenden Aufgaben keine Zeit mehr. Aber kreuzen Sie am Ende unbedingt die Lösungen an, die Ihnen am wahrscheinlichsten vorkommen.

Sie hören nun ein Gespräch. Dazu sollen Sie zehn Aufgaben lösen. Sie hören diesen Text zweimal. Bei jeder Aufgabe sollen Sie feststellen: Habe ich das im Text gehört oder nicht? Wenn ja, markieren Sie beim Hören oder danach *Richtig*. Wenn nein, markieren Sie *Falsch*.
Lesen Sie jetzt zuerst die Aufgaben Nr. 1 bis 10. Sie haben dazu 1 Minute Zeit.

	Richtig	Falsch
1. Dies ist der letzte Teil der Sendung.	X	
2. Es ist nicht <u>sinnvoll</u>, sich über unfreundliche Menschen zu ärgern.	X	~~X~~
3. Manche Menschen merken, wie unfreundlich sie auf andere wirken. *effect*		X
4. Mit der „Fragetechnik" nimmt man einen unangenehmen Menschen scheinbar ernst.	X	
5. Ein unfreundlicher Mensch erwartet nicht, dass man aggressiv auf ihn reagiert.		X
6. Es macht unfreundliche Menschen unsicher, wenn man sehr freundlich und nett auf sie reagiert.	X	
7. Wenn man sich über jemanden ärgert, sollte man ruhig bleiben.	X	
8. Manchmal kann es gut sein, wenn man wütend wird.	X	
9. Besonders unangenehme Menschen können uns nicht krank machen.		X
10. Zu solchen Menschen sollte man den Kontakt abbrechen.	X	

7. Heinzis Date

Worum geht es wohl in dieser Folge?

- [ ] Karlheinz hat sein Examen bestanden.
- [ ] Karlheinz hat eine Verabredung.
- [ ] Karlheinz wird dreißig.

1. Abschnitt

| Wo sind die drei? |
| Was machen sie gerade? |
| Was ist wohl in den Gläsern? |

Wer sagt was zu wem?

	Ursula	Karlheinz	Edwin
„Ach, mach doch, was du willst …"	*zu Armin*		
„Hey, wie siehst du denn aus?"			
„ Jura. Erstsemester. Ganz frisch auf der Uni. Lange braune Haare, wunderschöne grüne Augen …"			

2. Abschnitt

A Was erklärt Ursula?
   Ein Mann sollte …
   Ein Mann sollte nicht …

   > viel reden – Mut haben – viel denken –
   > rational handeln – emotional sein – sensibel sein

B Wie ist Edwins Reaktion?

C Was meinen Sie: Wie wird der Abend für Karlheinz und die Studentin Andrea?
   Wohin gehen wohl die beiden?

3. Abschnitt

A Wo und wann spielt die Szene?

B Was berichtet Karlheinz von seiner Verabredung? Warum war es ein „Flop"?

C Was meinen Sie: Wie wird sich die Beziehung von Edwin und Ursula weiterentwickeln?

Tragt

inlineskates

die Modelleisenbahn.

Möbel

1. Welches dieser Produkte gefällt Ihnen am besten? Welches am wenigsten?

Welches wird wahrscheinlich am <u>häufigsten</u> gekauft? *oft*

Welches am seltensten?

Welches ist wohl in fünfzig Jahren noch am meisten wert?

Was für Dinge kaufen Sie am liebsten?

Was kaufen Sie weniger gern?

Komparativ, Superlativ		Themen aktuell 1, § 21
gut	besser	am besten
viel	mehr	am meisten
gern	lieber	am liebsten

Spielzeug - toy

der konsument -consumer   Consumption

KONSUM

2. Wo kaufen Sie die folgenden Waren ein?

ein Fahrrad   Müsli
Shampoo   Gemüse
    Toilettenpapier
Waschpulver   Werkzeug _tools_
Brötchen (Pl.)
    Lebensmittel (Pl.)

einen Anzug
    einen Computer
einen Koffer
    einen Reiseführer (guide)
einen Teddybären
      Tee

eine Sonnenbrille
   Unterwäsche _undies_
      Blumen (Pl.)
gebrauchte Sachen (Pl.) _used thins_
   Videokassetten (Pl.)
Zigaretten (Pl.)

... kaufe ich am liebsten im Supermarkt.

Wirklich?
Ich kaufe ... lieber ...

... kaufe ich nicht so gern im ...

3. Bilden Sie Wörter.

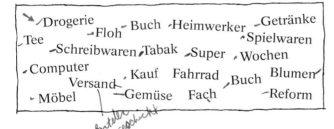

Drogerie   Buch   Heimwerker   Getränke
Tee   Floh   Spielwaren
Schreibwaren Tabak   Super   Wochen
Computer   Kauf   Fahrrad   Buch   Blumen
Möbel   Versand   Gemüse   Fach   Reform

der ___ markt
der ___ laden
das ___ haus
der ___ händler

2/18
(zu Aufgabe 5)

4. Was bekommen Sie hier?

in der ...	oder	beim ...
Bäckerei		Bäcker
Metzgerei		Metzger
Apotheke		Apotheker
Drogerie		
		Optiker
Buchhandlung		Buchhändler
...		

5. Hören Sie und sprechen Sie nach.

Unterstreichen Sie dabei die betonte Silbe.

die Biologie   der Biologe
die Chemie   der Chemiker
die Kritik   der Kritiker
die Mathematik   der Mathematiker
die Mechanik   der Mechaniker
die Musik   der Musiker
die Physik   der Physiker
die Politik   der Politiker
die Psychologie   der Psychologe

6. Ein Gespräch

A   Hören Sie zuerst den Anfang des Gesprächs. Wer spricht? Um welches Produkt geht es?

B   Hören Sie jetzt das ganze Gespräch. Wo sind die Leute, die Sie sprechen hören?

a) an einem Kiosk
b) auf einem Wochenmarkt
c) bei einem Autohändler

d) in einem Brotladen
e) in einer Herrenboutique
f) in einem Haushaltswaren-
   geschäft

g) in einer Konditorei
h) in der Spielwarenabteilung
   eines Kaufhauses

C   Um was für ein Produkt geht es? Was gefällt dem Kunden daran nicht so gut?
    Wie teuer ist es? Was tut der Kunde am Ende?

7. Spielen Sie zu zweit ein Verkaufsgespräch.

A   Lesen Sie zuerst das Gespräch.

	Kunde	*Verkäufer*
Produkt	Guten Tag. Ich habe im Schaufenster … gesehen. Haben Sie da auch noch andere Modelle?	
		Ja, bitte, selbstverständlich. Wenn ich Ihnen das mal zeigen darf. Hier bitte.
Qualität	Es fühlt sich angenehm weich an.	
		Ja, das ist echtes Leder. Besonders weich und trotzdem nicht empfindlich. Möchten Sie … mal anprobieren/ ausprobieren?
Aussehen	Also, ich weiß nicht, das … gefällt mir irgendwie nicht. Das ist zu …, finden Sie nicht?	
		Nein, überhaupt nicht. Das ist total in im Moment. Das liegt total im Trend.
Preis	Ja, was soll … denn kosten?	
		Moment … drei neunundneunzig … also sogar etwas weniger als … das andere Modell.
Umtausch	Kann man das zur Not umtauschen?	
		Sicherlich, heben Sie dazu bitte den Kassenzettel auf.
Kauf	Also gut, dann probiere ich … mal an. nehme ich …	
		Ja, gern.
		Das macht dann … Zahlen Sie bar?
Bezahlung	Ich würde gerne mit (Kredit-/EC-) Karte bezahlen.	
		Selbstverständlich.

B   Wählen Sie jetzt ein Produkt aus Aufgabe 2 (Seite 92). Ändern Sie dafür das Gespräch;
    machen Sie zuerst Notizen. Fragen Sie auch nach Garantie, Gebrauchsanleitung und Service.
    Benutzen Sie wenn nötig ein Wörterbuch und helfen Sie sich gegenseitig.